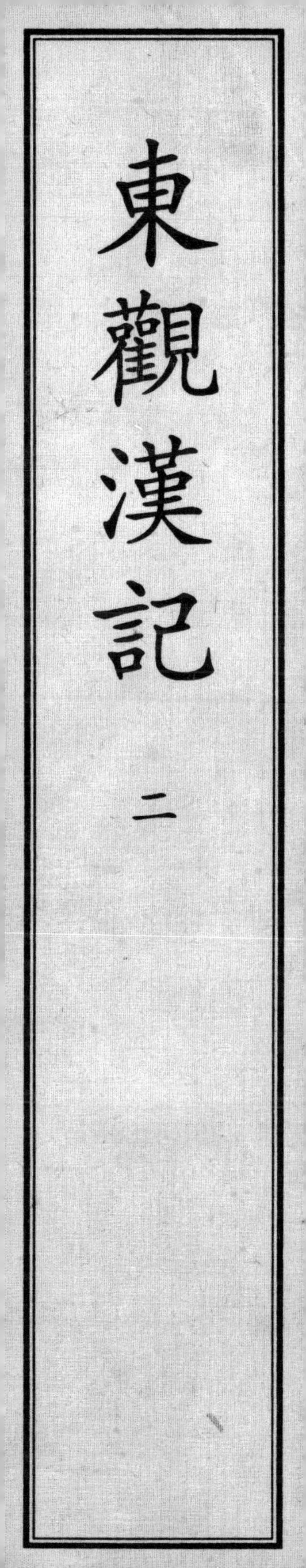

東觀漢記

二

東觀漢記卷七

列傳二　宗室

齊武王縯

縯字伯升案縯光武兄，攷范書縯傳及太平御覽各書俱稱伯升，當是以字行伯升進圍宛，莽素震其名，大懼，使畫伯升像于埻，旦起射之。平陵後部攻新野，不下，宰潘臨登城言曰：「得司徒劉公一言，願先下。」及伯升軍至，即開門降。伯升作攻城鬭車，上曰：「地車不可用，誰當獨居此上者？」伯升曰：「此兵法也。」上曰：「兵法但有所圖畫者，實不可用。」伯升遂作之。後有司馬犯軍令當斬，坐鬭車上案此十三字從太平御覽增。更始遂共謀誅伯升案范書縯傳，伯升拔宛，光武破王尋、王邑，自是兄弟威名益盛，更始君臣不自安，遂共謀誅伯升，此上文有脫佚，乃大會諸將，以成其計。更始取伯升寶劍視之，繡衣御史申屠建隨獻玉玦，更始竟不能發。伯升部將宗人劉稷數陷陳潰圍，勇冠三軍，聞更始立，怒曰：「本起兵圖大事者，伯升兄弟，更始何爲者？」更始聞而心忌之，以稷爲抗威將軍，稷不肯拜，更始乃收稷，將誅之，伯升固爭，并執伯升，即日害之案此段從太平御覽纂入。有二子，建武二年立長子章爲太原王，興爲魯王，十一年徙章爲齊王。

校錄黄繩祖

校録黃繩祖

業字陰文

二業字俱陰文

十五年追謚伯升為齊武王章少孤光武感伯升功業不就撫育恩養甚篤以其少貴欲令親吏事故試守平陰令

北海靖王興

興遷弘農太守（案興縯子范書興傳興初封魯王建武二十八年徙封北海王）縣吏張申有伏罪興收申案論郡中震慄時年旱分遣文學循行屬縣理寃獄宥小過應時甘雨澍降每朝廷有異政京師雨澤秋稼好醜輒驛馬下問興其見親重如此

北海敬王睦

北海敬王睦（案睦興子）顯宗之在東宮尤見幸而睦謙恭好士名儒宿德莫不造門（案姚之駰本作時法網尚陳睦好士夙夜滋恭通賓客千里人民土地財賄結歡由是德名儒造門者陸沈）宿永平中法憲頗峻睦乃謝絕賓客放心音樂歲終遣中大夫奉璧朝賀召而謂曰朝廷設問寡人大夫將何辭以對使者曰大王忠孝慈仁敬賢樂士臣雖螻蟻敢不以實睦曰吁子危我哉是吾幼時進趣之行也大夫其對以孤襲爵以來志意衰惰聲色是娛犬馬是好使者受命而行睦善草書臨病明帝驛馬令作草書尺牘十首馬（案此段從太平御覽纂入）

十五年追諡伯升為齊武王章及縯上感伯升功業
不就撫育恩養甚篤以其少貴欲令親吏事故試守平
陰令

北海靖王興

興遷弘農太守[illegible]
申有伏罪興收申案論郡中震慄時年旱分遣文學循
行屬縣理冤獄宥小過應時甘雨澍降其後每朝廷有異政
京師雨澤秋稼好醜輒驛馬下問興其見顧重如此

北海敬王睦

東觀漢記　卷七　二

北海敬王睦[illegible]顯宗之在東宮尤見幸而睦謙恭好
士名儒宿德莫不造門[illegible]
[illegible]永平中法憲頗峻睦乃謝絕賓
客放心音樂然遣中大夫奉璧朝賀召而謂曰朝廷
設問寡人大夫將何辭以對使者曰大王忠孝慈仁敬
賢樂士臣雖螻蟻敢不以實對睦曰吁子危我哉是吾幼時
進趣之行也大夫其對以孤襲爵以來志意衰惰聲
色是娛犬馬是好使者受命而行睦善草書臨病明帝驛
馬令作草書尺牘十首焉[illegible]

校錄資料組

案字陰文

四案字俱陰文

趙孝王良

光武初起兵良搏手大呼曰我欲詣納言嚴將軍叱上起去出閤令人視之還白方坐陷脯良復讓呼上言不可讓露明旦欲去前白良曰欲竟何時詣嚴將軍所良意下曰我為詐汝耳當復何苦乎良案良光武叔父范書良傳良字次伯初封廣陽王建武五年徙為趙王裔孫乾嗣位私出國到魏郡鄴易陽止宿亭令奴金盜取亭席金與亭佐孟常爭言以刃傷常部吏追逐乾藏逃金絞殺之懸其屍道邊樹相國舉奏詔書削中丘縣

東觀漢記　卷七

弘

弘案弘光武族諸父行史無追封之爵故著其名字孺孫先起義兵卒案此段及下梁傳一段並從李賢范書成武孝侯傳注纂入

梁

梁案梁弘弟字季少病筋攣卒

城陽恭王祉

城陽恭王初名終後改為祉案祉光武族兄范書祉傳祉字巨伯父敞敞曾祖節侯買以長沙定王子封于零道之舂陵為侯敞父仁嗣侯案李善文選注[illegible]節侯生戴侯戴侯生考侯考侯即仁也以舂陵地勢下

校録黄繩祖

案字隱文

二案字俱隱文

濕有山林毒氣難以久處（案此句從李善文選注增）于時見戶四百七十六上書求減邑內徙留子男昌守墳墓元帝許之初元四年徙南陽之白水鄉猶以舂陵為國名仁卒敞謙儉好義推父時金寶財產與昆弟荊州刺史上其義行拜廬江都尉歲餘遭旱行縣人持枯稻自言稻皆枯吏强責租敞應曰太守事也載枯稻至太守所酒數行以語太守太守曰無有敞以枯稻示之太守曰都尉事也敞怒叱太守曰鼠子何敢爾刺史舉奏莽徵到長安免就國敞為嫡子終（案終即祉也）娶翟宣子女習為妻宣使嫡

子姬送女入門二十餘日宣弟起義兵攻莽祉以建武二年三月見光武于懷宮（案范書祉傳建武二年封城陽王）

東海恭王彊（案以下光武諸子）

東海恭王彊光武皇帝長子也母郭氏建武二年六月立為皇太子十七年十月郭后廢為中山太后自郭后廢彊不自安因左右陳誠願備藩輔十九年六月彊廢為東海王二十八年十月就國（案此段從太平御覽纂入）王兼食東海魯國（案此四字從太平御覽增）二郡二十九縣租入倍諸王賞賜恩寵絕於倫比置虎賁髦頭宮殿設鍾虡之懸擬于乘

曰龍[illegible]於倫之直言[illegible]頌富殿[illegible][illegible][illegible]之[illegible]於[illegible][illegible]

[illegible][illegible]國[illegible][illegible]四[illegible][illegible]二郡二十九縣租入[illegible]諸王賞賜

為東海王二十八年十月就國[illegible][illegible][illegible][illegible][illegible]王兼食東

廢彊不自安數因左右陳誠願備藩輔十九年六月[illegible][illegible]

立為皇太子十七年十月郭后廢為中山太后自[illegible]后

東海恭王彊光武皇帝長子也母[illegible][illegible]建武二年六月

東海恭王彊[illegible]

二年三月見光武[illegible][illegible][illegible][illegible]

子姬遠女入門二十餘日[illegible]

東觀漢記　卷七

四

[illegible]國[illegible]為嫡子[illegible][illegible]也[illegible][illegible]禮宣子女[illegible]為是宣[illegible][illegible]

也國[illegible][illegible]太子[illegible][illegible]向[illegible][illegible][illegible]史舉[illegible][illegible][illegible][illegible][illegible]

[illegible]語太學太子四無有[illegible]以[illegible][illegible][illegible][illegible][illegible][illegible][illegible][illegible]數[illegible]

[illegible]遊[illegible]祖[illegible][illegible]曰太子事也[illegible][illegible][illegible]大[illegible][illegible][illegible][illegible]

[illegible][illegible][illegible][illegible][illegible][illegible][illegible][illegible][illegible][illegible][illegible][illegible][illegible]入[illegible][illegible][illegible][illegible][illegible][illegible]

[illegible][illegible][illegible][illegible][illegible]父[illegible]金[illegible][illegible][illegible][illegible][illegible][illegible][illegible][illegible][illegible][illegible]上其[illegible]

[illegible][illegible]四[illegible][illegible][illegible][illegible]之[illegible]水[illegible][illegible]以[illegible][illegible][illegible][illegible]國[illegible]年[illegible]

文十六[illegible]書[illegible][illegible][illegible][illegible][illegible][illegible][illegible]子[illegible][illegible][illegible][illegible][illegible][illegible][illegible][illegible]

[illegible]有山林[illegible][illegible][illegible]以又[illegible][illegible][illegible][illegible][illegible][illegible][illegible][illegible][illegible]四百

與（案此句從虞世南北堂書鈔增）彊性明達恭謹臨之國數上書讓還東海十九縣又因皇太子（明帝）固辭上不許以彊章宣示公卿大夫甚嘉歎之彊薨發魯相所上檄下牀伏地舉聲盡哀至長樂宮白太后因出幸津門亭發喪（案彊薨下至此從李善文選注纂入）上追念彊雅性恭儉不欲令厚葬以違其意詔中常侍杜岑東海傅相曰王恭遜好禮以德自終勑官屬遣送務行約省茅車瓦器以成王志王孫頃王肅性謙儉永初中以西羌未平上錢二千萬元初中上縑萬匹以助國費

沛獻王輔

沛獻王輔善京氏易永平五年秋京師少雨（案秋京師二字從李善文選注增）上御雲臺召尚席取卦具自為卦以周易卦林卜之（案卦字從文選注增）其繇曰蟻封穴戶大雨將集明日大雨上即以詔書問輔曰道豈有是耶輔上書曰案易卦震之蹇蟻封穴戶大雨將集（案明日以下至此從李善文選注纂入）蹇艮下坎上艮為山坎為水山出雲為雨蟻穴居而知雨將雲雨蟻封穴（案此六字從李善文選注增）故以蟻為興文詔報曰善哉王次序之（案此九字從李善文選注增）沛王楚王來朝就國明帝告

校錄黃繩祖

三案字俱陰文

校錄黃繩祖

諸王傳相王之子年五歲以上皆命帶列侯綬復送綬十九枚為諸子在道欲急帶之也王性好經書論集經傳圖讖作五經通論奉藩以至沒身遵履法度未嘗犯禁稱為賢王案范書輔傳輔初封右馮翊公進封中山王建武二十年徙封沛王

楚王英

楚王英案范書英傳英初封楚公建武十七年進為王永平十四年謀反自殺國除奉送黃縑三十五匹白紈五匹入贖楚相以聞詔書還入贖縑紈以助伊蒲塞桑門之盛饌案范書英傳永平八年詔令天下死罪皆入縑贖英奉縑紈贖罪

二案字俱陰文

濟南安王康

濟南安王康案范書康傳康初封濟南公建武十七年進為王多殖財貨大修宮室起內第奴婢至千四百人廄馬千二百匹私田八百頃奢侈恣欲游觀無節案此段從虞世南北堂書鈔纂入

東平憲王蒼

東平王蒼案范書蒼傳蒼初封東平公建武十七年進為王少好經書雅有智慧案此段從徐堅初學記纂入少有孝友之質寬仁弘雅明帝即位詔曰東平王蒼寬博有謀可以託六尺之孤臨大節而不可奪其以蒼為驃騎將軍位在三公上是時四方無虞

校録黄繩祖

蒼以天下化平宜修禮樂乃與公卿共議定南北郊冠冕車服制度及祖廟登歌八佾舞數蒼以親輔政盡心王室每有議事上未嘗不見從名稱日重蒼開東閤延英雄上書表薦賢士左馮翊桓虞等虛己禮下與參政事（案蒼開東閤以下至此從太平御覽纂入）上嘗問東平王蒼曰在家何業最樂蒼對曰為善最樂上嗟歎之（案此段從李善文選注纂入）蒼與諸王朝京師月餘還上臨送歸宮悽然懷思乃遣使手詔諸國曰辭別之後獨坐不樂因就車歸伏軾而吟瞻望永懷實勞我心誦及采菽以增歎息詔問東平王處

家何等最樂王對曰為善最樂其言甚大副其要腹蒼體大美鬚眉要帶八尺二寸上以所自作光武皇帝本紀示蒼蒼因上世祖受命中興頌上甚善之以問校書郎此與誰等皆言類揚雄相如前世史岑之比（案上以所自作以下至此從李善文選注纂入）章帝建初三年賜蒼書曰歲月鶩邁山陵浸遠孤心慘愴（案此三句從徐堅初學記纂入）饗衛士于南宮因過按行閱視皇太后舊時衣物（案此十九字從李善文選注纂入）帷王孝友之德今以光烈皇后假髻帛巾各一衣一篋遺王可時瞻視以慰凱風寒泉之思今魯國孔氏尚有仲尼車

校録黃繩祖

與冠履明德盛者光靈遠也〔案此十一字從李善文選注纂入〕聞武帝歌天馬霑赤汗今親見其然血從前髆上小孔中出〔案范書蒼傳并遺宛馬一匹故賜書及此上下文闕〕四年蒼上疏願朝上以王觸寒涉道使中謁者賜乘輿貂裘蒼到洛陽使鴻臚持節郊迎引入不在贊拜之位升殿乃拜上親答拜蒼上疏曰事過典故〔案此八字從北堂書鈔纂入〕諸王歸國上特留蒼賜以秘書列圖道術秘方至八月飲酎畢大鴻臚奏遣發乃許之手詔賜蒼曰骨肉天性誠不以遠近親疏然數見顏色情重昔時中心戀戀惻然不能言於是車駕祖送流涕

而訣復賜乘輿服御珍寶鞍馬錢布以億萬計蒼到國後病水氣喘逆上遣太醫丞相視之小黃門侍疾置驛馬傳起居以千里為程〔案范書蒼傳薨于建初八年〕蒼薨上詔有司加贈鑾輅乘馬龍旂九旒虎賁百人〔案此二十字從太平御覽纂入〕上幸東平祭東平王墓云思其人到其鄉其處在其人亡

阜陵質王延

阜陵質王延〔案范書本傳延初封淮陽公進為王永平中徙封阜陵王〕在國驕泰淫泆〔案此段從虞世南北堂書鈔纂入〕

廣陵思王荊

四案字俱陰文

校錄黃繩祖

廣陵王荊案范書荊傳荊初封山陽公進為王永平初徙封廣陵王自殺案范書明帝紀及荊傳此永平十年事時有司以荊悖逆祝詛請誅故也此段從太平御覽纂入

中山簡王焉

焉案范書本傳焉初封左馮翊公進為王建武三十年徙封中山王以郭太后少子獨留京師案此段從虞世南北堂書鈔纂入

琅邪孝王京

琅邪孝王京案范書京傳京初封琅邪公建武十七年進為王就國都雅好宮室窮極技巧壁帶珠玉案虞世南北堂書鈔作殿館壁帶飾以金銀光烈皇后崩明帝悉以太后所遺金寶賜京此十七字從虞世南北堂書鈔纂入

三案字俱陰文

彭城靖王恭案以下明帝諸子

永平九年恭未有國邑賜號靈壽王案范書恭傳恭初封鉅鹿王後累徙江陵六安章帝崩遺詔徙封彭城王恭子男丁前妻物故案范書恭傳李賢注無妻字子酺侮慢丁小妻恭怒閉酺馬廄酺亡夜詣彭城縣欲上書恭遣從官蒼頭曉令歸數責之乃自殺元初五年封恭少子丙為都鄉侯國為安鄉侯丁為魯陽鄉侯本初元年封恭孫據下亭侯光昭陽亭侯固公梁亭侯興蒲亭侯延昌城亭侯祀梁父亭侯堅西安亭侯代林亭

二葉字偶脫文

二葉字偶脫文

校録黄繩祖

侯

樂成靖王黨

樂成靖王黨〔案〕范書黨傳黨初賜號重熹王永平十五年封樂成王善史書喜正文字

案此段從太平御覽卷八

樂成王萇〔案〕范書黨傳黨國至其孫而絕安帝永寧元年以濟北惠王子萇紹封

安帝詔曰樂成王居諒闇衰服在身彈棊為戲不肯謁

陵

下邳惠王衍 [illegible]

和帝賜彭城靖王詔曰皇帝問彭城王始夏無恙蓋聞

東觀漢記　卷七　十

堯舜九族萬國協和書典之所美也下邳王〔案〕范書衍傳永平十五年封被病沈滯之疾昏亂不明家用不寧姬妾嫡庶諸子分爭紛紛至今前太子卬頑凶失道陷于大辟是後諸子更相誣告迄今嫡嗣未知所定朕甚傷之惟王與下邳王恩義至親正此國嗣非王而誰禮重嫡庶之序春秋之義大居正孔子曰惟仁者能好人能惡人貴仁者所好惡得其中也（案仁者二字從李賢范書衍傳注增入）太子國之儲嗣可不慎與王其差次下邳諸子可為太子者上名將及景風拜授印綬焉〔案〕范書衍傳衍病荒忽而太子卬有罪廢諸姬爭欲立子為嗣連上

三案字俱陞文

校録黄繩祖

〔書相告言和帝憐之使彭城靖王恭至下邳正其嫡庶敬有是詔後遂立子成為太子〕

孝德皇〔案孝德皇即章帝子清河孝王慶也初為皇太子為竇皇后所譖而廢和帝即位待慶極渥後慶長子祜入嗣大統是為安帝安帝建光元年追尊為孝德皇〕

永元四年上移幸北宮章德殿講白虎觀慶得入省宿止

平原懷王勝〔案勝和帝長子〕

平原王葬〔案范書勝傳勝少有痼疾延平元年封立八年薨葬于京師〕鄧太后悲傷命史官述其行迹為作傳誄藏于王府

東觀漢記卷七

二案字俱陰文

列傳三（案本書列傳自外戚宗室外一以時代先後編次今略依官秩崇卑爲次而隱逸方技殿焉）

鄧禹

鄧禹字仲華南陽人也年十三能誦詩受業長安時上亦遊學京師禹年雖幼而見上知非常人遂相親附（案從太平御覽纂入）更始既至雒陽以世祖為大司馬使安集河北禹聞之自南陽發北徑渡河追至鄴謁上見之甚歡謂曰我得拜除長吏生遠來寧欲仕耶禹曰不願也（案從李善文選注纂入）乃進說曰更始雖都關西今山東未安赤

眉青犢之屬動以萬數三輔假號往往羣聚更始既未有所挫而不自聽斷諸將皆庸人崛起志在財幣爭用威力朝夕自快非有忠良明智深慮遠圖欲尊主安民者也明公雖建蕃輔之功猶恐無所成立于今之計莫如延攬英雄務悅民心立高祖之業救萬民之命以公而慮天下不足定也上大悅因令左右號禹曰鄧將軍常宿止於中與定計議上至廣阿（案是時光武擊王郎至此）止城門樓上披輿地圖指示禹曰天下郡國如是我乃始得一處卿言天下不足定何也（案范書禹傳禹對曰方今天下殽亂人思明君猶赤）

此下有闕文

校錄黄繩祖

校録黃繩祖

子之慕慈母古之興者在德薄厚不以大小禹破邯鄲誅王郎有智
謀諸將鮮及拜前將軍禹為大司徒案范書禹傳赤眉西入關乃拜禹為
前將軍討之建武元年光武即位于鄗復使使者封拜禹制曰前將軍鄧禹深執忠
孝與朕謀謨帷幄孔子曰自吾有回也門人益親可封
禹為酇侯案拜前將軍禹以赤至此從李善文選注纂入赤眉入長安禹乘勝
獨克而師行有紀皆望風相攜以迎降者日以千數衆
號百萬上以禹不以時進敕曰司徒堯也赤眉桀也今長
安饑民孰不延望案禹不以時進以下至此從太平御覽纂入馮愔反禹
征之為愔所敗威稍損又乏食案此六字從太平御覽增赤眉還入

東觀漢記 卷八

二

長安禹與戰敗走至高陵軍士饑餓皆食棗菜案棗菜一作棗
菜或作藻菜上乃徵禹還敕曰赤眉無穀自當來降吾折捶
笞之非諸將憂也禹與赤眉戰赤眉陽敗棄輜重走皆
載赤豆覆其上兵士饑爭取之赤眉引還擊之軍潰亂
時百姓饑人相食黃金一斤易豆五升道路斷閉委輸
不至軍士悉以果實為糧案禹與赤眉戰以下至此從太平御覽纂入吏士
散已盡禹獨與二十四騎詣雒陽案范書禹傳建武二年更封禹為梁侯至
是上大司徒梁侯印綬詔歸侯印綬數月拜右將軍十三年定封為高密侯罷三公右將軍
官罷案此五字從太平御覽增以列侯就第位特進奉朝請案此[illegible]字從太

[illegible]

謀諸將鮮及拜前將軍禹為大司徒[illegible]

[illegible]制曰前將軍禹深執忠

孝與朕謀謨帷幄孔子曰自吾有回也門人益親可封

禹為酇侯[illegible]赤眉入長安禹乘勝

獨克而師行有紀皆望風相攜以迎降者日以千數

衆百萬禹不[illegible]時進[illegible]司徒堯也赤眉桀也今[illegible]

安饑民[illegible]不[illegible]

往之為[illegible]所敗[illegible]赤眉遂入

東觀漢記　卷八　二

長安禹與戰敗走至高陵軍士饑餓皆食棗菜[illegible]

[illegible]上乃徵禹還敕曰赤眉無穀自當來降吾折捶

笞之非諸將憂也禹與赤眉戰赤眉陽敗棄輜重走

載赤豆覆其上兵士饑爭取之赤眉引還擊之軍潰亂

時百姓饑人相食黃金一斤易豆五升道路斷閉委輸

不至軍士悉以果實為糧[illegible]

散已盡禹獨與二十四騎詣雒陽[illegible]

[illegible]罷三公右將軍

官罷[illegible]以列侯就第位特進奉朝請[illegible]

（太平御覽增）篤于經書教學子孫

鄧訓

鄧訓字平叔案訓禹第六子謙恕下士無貴賤見之如舊朋友子往來門內視之如子有過加鞭扑之教太醫皮巡從獵上林還暮宿殿門下寒疝病發時訓直事聞巡聲起往問之巡曰冀得火以熨背訓身至太官門為求火不得乃以口噓其背復呼同廬郎共更噓至朝遂愈永平中治滹沱石臼河從都慮至羊腸倉欲令通漕太原吏民苦轉運所經三百八十九隘前後沒溺死者不可勝

算建初三年拜訓謁者監領其事更用驢輦歲省億萬計活徒士數千人訓將黎陽營兵屯漁陽為幽部所歸還護烏桓校尉黎陽營故吏皆戀慕案訓將黎陽營人下至此從太平訓故吏最貧羸者舉國念訓常所服藥北州少乏又知訓好以青泥封書從黎陽步推鹿車于洛陽市藥還過趙國易陽并載青泥一襆至上谷遺訓其得人心如是吏士嘗大病瘧轉易至數千人訓身為煮湯藥咸得平愈其無妻者為適配偶坐私與梁扈通書免歸燕人思慕為之作歌拜張掖太守以身率下河西改俗鄰

二條字陰文

校錄黃縉祖

郡則之為護羌校尉諸羌皆喜（案此句從御覽增）發湟中秦胡羌兵四千人出塞掩擊迷唐于雁谷迷唐乃去其春復欲歸故地乃發湟中六千人令長史任尚將之縫革為船置於簟上以渡河掩擊迷唐廬落大豪多所斬獲義從羌胡俗恥病死每病臨困輒以刀自刺訓聞有困病者輒拘持束縛不與兵刃使醫藥療之愈者非一小大莫不感悅訓病卒吏人羌胡愛惜旦夕臨者日數千人或以刀自割又刺殺犬馬牛羊曰鄧使君已死我曹亦且俱死耳前烏桓吏士皆奔走道路至空城郭家家為

立祠每有疾病輒禱請之求福也

鄧鴻

永平六年鄧鴻（案鴻禹少子）行車騎將軍位在九卿上絕坐

鄧陟

鄧陟（案陟訓長子范書作隲）字昭伯三遷虎賁中郎將（案此句從太平御覽增）

（案）以延平九年拜為車騎將軍儀同三司儀同三司始自陟也（案此十一句從太平御覽纂入）陟兄弟常居禁中陟謙退不欲久在內連求還第太后乃許（案此段亦從太平御覽纂入）殤帝崩惟安帝宜承大統陟定策禁中封陟為上蔡侯（案此段從文選注纂）

[illegible]

永平六年爲郎[illegible]

立祠安有廟[illegible]

東觀漢記　卷八

[illegible]

案陰文

案陰文

校録黄繩祖

增封三千户讓不獲遂逃避使者閒關上疏自陳

鄧悝

鄧悝〔隱〕（悝訓第三子）字叔昭安帝即位拜悝城門校尉自延平之初以國新遭大憂故悝兄弟率常在中供養兩宮比上疏自陳愚闇蕞朽幸得遭値明盛兄弟充列顯位並侍帷幄豫聞政事無拾遺一言之助以補萬分而久在禁省日月益長罪責日深惟陛下哀憐

鄧弘

鄧弘〔隱〕（弘訓第四子）字叔紀和熹后兄也天資善學年十五治歐陽尚書師事劉述常在師門布衣徒行講誦孜孜不輟奴醉擊長壽亭長亭長將詣第白之弘即見亭長賞錢五千勵之曰直健當然異日奴復與宮中衛士忿爭衛士箠奴弘聞又與五千弘收恤故舊無所失父所厚同郡郎中王臨年老貧乏弘常居業給足乞與衣裘輿馬施之終竟弘薨有司復請加謚曰昭成侯發五校輕車騎士爲陳至葬所所施皆如霍光故事皇太后但令門生輓送（案弘薨以下至此從太平御覽纂入）

鄧閶

案隨文

案隨文

案隨文

校録黄繩祖

鄧閶（案閶第五子）訓字季昭遷黄門侍郎于時國家每有灾異水旱閶側身暴露憂懼顦顇形于顏色公卿以下咸高尚焉漢興以來為外戚儀表鄧太后報閶曰長歸冥冥往而不反（案范書鄧陟傳閶以元初五年卒）閶出則陪乘入侍左右忠言善謀先納聖善匡輔之言（案此八字晏殊類要作皆先聖法象臣輔之言）朝夕獻納雖内得于上身在親近不敢自恃兢兢之心彌以篤固也鄧訓五子女為貴人立為皇后鄧氏自中興後累世寵貴凡侯者二十九人公二人大將軍以下十三人中二千石十四人州牧郡守四十八人其餘侍中

大夫郎謁者不可勝數東京莫與為比（案鄧訓五子至此從太平御覽入）

案隨文

鄧豹

鄧豹（案豹陟從弟）字伯庠遷大匠工無虚張之繕徒無饑寒之色

案隨文

鄧遵

鄧遵（案遵陟從弟）元初中為度遼將軍討擊羌虜斬首八百餘級得鎧弩刀矛戟楯匕首二三千枚破匈奴得釜鑊二三千枚（案此段從御覽纂入）得匕首三千枚詔賜駁犀劍遵

校録黄繩祖

破諸羌詔賜遵金剛鮮卑緄帶一具虎貫蟹囊一金錯刀五十辟把刀墨再屈環橫刀金錯屈尺八佩刀各一金蚩尤辟兵鉤一（案此七字從虞世南北堂書鈔增）

吳漢

吳漢字子顏南陽人也更始立使使者韓鴻徇河北或謂鴻曰吳子顏奇士也可與計事鴻召見漢甚悅之漢為人質厚少文造次不能以辭語自達鄧禹及諸將多相薦舉再三召見其後勤勤不離公門上亦以其南陽人漸親之（案再三召見以下至此從李善文選注纂入）上既破邯鄲誅王郎

召鄧禹宿夜語曰欲北伐幽州突騎諸將誰可使者禹曰吳漢可漢與鄧弘俱客蘇弘弘稱道之禹數與語其人勇鷙有智謀諸將鮮能及者上于是以漢為大將軍漢遂斬幽州牧苗曾上以禹為知人（案此段從太平御覽纂入）漢性忠厚篤于事上自初從征伐常在左右上未安則側足屏息上安然後退舍兵有不利軍營不如意漢常獨繕檠弓戟（案此十句從李善文選注纂入）閱具兵馬激揚吏士（案此二句從太平御覽纂入）上時令人視吳公何為還言方作攻具上嗟曰吳公差強人意隱若一敵國矣封[illegible]廣平侯（案此段從李善文選

校録黃繩祖

與蘇茂周建戰，躬被甲持戟告令諸部將曰：聞鼓聲皆大呼俱進，後至者斬。遂鼓而進，賊兵大敗。討富平、獲索二賊于平原。（案此建武二年事）明年春，賊率五萬餘人夜攻漢營，軍中驚亂，堅臥不動。（案漢記富平以下至此從太平御覽纂入）

公孫述大司馬田戎將兵下江關，至南郡，據浮橋于江上。漢鍔絕橫橋，大破之。伐蜀，分營于水南水北。（案姚本作漢使副將武威將軍劉禹將萬餘人屯于江南）北營戰不利，乃銜枚引兵往合水南營，大破公孫述。（案漢伐蜀以下至此從太平御覽纂入）漢戰敗，墮水，緣馬尾得出。（案范書公孫述傳述散金帛募敢死士，使延岑偽挑戰，潛遣奇兵襲擊破）

東觀漢記　卷八　八

漢（漢戰敗在是時，而上下文闕）漢平成都，乃乘桴沿江下巴郡，楊偉、徐容等惶恐解散。漢當出師，朝受詔，夕即引道，初無辦嚴之日，故能常任職，以功名終。嘗出征，妻子在後買田業，漢還讓之曰：軍師在外，吏士不足，何多買田宅乎！遂以分與昆弟外家。漢爵位奉賜最尊重，然但修里宅，不起第。夫人先死，薄葬小墳，不作祠堂，恭儉如此。漢疾篤，車駕親臨，問所欲言，對曰：臣愚無識知，惟願慎無赦而已。及薨，有司奏議以武為謚，詔特賜謚曰忠侯。（案范書漢傳漢初賜號建策侯，更封舞陽侯，建武十年定封為廣平侯）無後，國除。（案范書此四字從太平御覽纂入，故范書）

校録黃繩祖

漢傳漢薨子成嗣至孫旦卒無子國除建初中徙封旦弟筑陽侯盱為平春侯奉漢後盱卒子勝嗣與此異

賈復

賈復字君文案范書復傳復南陽冠軍人治尚書事舞陰李生李生奇之謂門人曰賈生容貌志意如是而勤于學此將相之器案此段從太平御覽纂入復為縣掾迎鹽河東會盜賊起等輩欺沒其鹽復獨完致縣中時上置兩府官屬案此光武在河北時事復與段孝共坐孝謂復曰卿將軍督我大司馬督不得共坐復曰俱劉公吏有何尊卑官屬以復不遜上調官屬補長吏共白欲以復為鄗尉上署報不許復以偏

將軍東從上攻邯鄲擊青犢于射犬案于射犬三字從李善文選注增大戰至日中賊陣堅不却上傳名復曰吏士饑可且朝食復曰先破之然後食耳于是被羽先登所向皆靡諸將皆服其勇案復以偏將軍至此從太平御覽纂入復北與五校戰于真定大破之復傷創甚上驚復病尋愈追及上上見大喜請洛陽拜左將軍南擊赤眉于新城轉西入關盆子于澠池破之吳漢擊蜀未破上書請復自助上不遣上以復敢深入希令遠征而壯其勇節常自從之故復少方面之勳諸將每論功復未曾有言上輒曰賈君之功我

遇諸傳漢陽侯袞明子為成平侯王春侯春遂李無叶子李國子侯建嗣國中純絕國封日

賈復

賈復字君文南陽冠軍人也少好學習尚書事舞陰李生李生

奇之謂門人曰賈生容貌志意如是而勤于學此將相

之器也[illegible]復為縣掾迎鹽河東會遇賊等輩

比其鹽復獨完致縣中時上置西府官屬[illegible]時武

軍復與從客共里客謂復曰卿將軍督數大司馬督不

督將坐復曰相鄧公吏有何尊卑官屬以復不遜上調

官屬補長吏共白欲以復為鄗尉上署報不許復以偏

將軍東從上攻邯鄲擊青犢于射犬[illegible]

大戰至日中賊陣堅不卻上傳召復曰吏士皆饑可且朝

飯復曰先破之然後食耳于是被羽先登所向皆靡諸

將皆服其勇[illegible]復北與五校戰于真

定大破之復傷創甚上驚復病尋愈追及上上見大喜

請洛陽葬在將軍南擊赤眉于新城轉西入關盜子子

通也破之足漢擊蜀未破上書請復自助上不遣上以

復敢深入帝令遠征西壯其意諸常自從之故復少方

面之敗諸將每論功復未嘗有言上輒曰賈君之功我

校錄黃龍祖

案陸文　案陸文　案陸文

校錄黃繩祖

自知之以復敢深入以下（至此從太平御覽纂入）復闔門養威重受易經知大義帝深然之遂罷左右將軍復以侯就第（案：范書復傳初封冠軍侯建武十三年定封膠東侯）加位特進（案：帝深然之以下至此從太平御覽注纂入）

賈宗

賈宗（案：宗復子）字武孺為朔方太守匈奴嘗犯塞得生口問太守為誰曰賈武孺曰寧賈將軍子耶曰是皆放遣還後吏不入塞宗性方正為長水校尉奉職愛士及在朝廷數言便宜深見親異賞賜殊厚上美宗既有武節又兼經術每宴會令與當世大儒司徒丁鴻問難經傳

耿況

太史官曰耿況彭寵俱遭際會順時乘風列為藩輔忠孝之策千載一遇也（案：范書耿弇傳父況字俠游封牟平侯今其傳全闕此蓋傳後之序從李善文選注纂入）

耿弇

耿弇字伯昭扶風人更始使侍御史黃黨即封世祖為蕭王上在邯鄲宮晝卧溫明殿弇入告牀下請間曰今

二案字陰文

校録黄繩祖

更始失政天下可馳檄而定使者來欲罷兵不可聽也兵一罷不可復會也上曰國家已都長安天下大定何用兵為弇曰青徐大賊銅馬赤眉之屬數十輩皆數十萬衆東至海所向無前聖公不能辦也敗必不久上起坐曰卿失言我斬卿弇曰大王哀厚弇如父子故披赤心為大王陳事上曰我戲卿耳何以言之弇曰百姓患苦王莽苛刻日久聞劉氏復興莫不欣喜望風從化如去虎口就慈母倒戟横矢不足以喻明公首事南破昆陽敗百萬師今復定河北以義征伐表善懲惡躬

自克薄以待士民發號嚮應望風而止天下至重公可自取無令他姓得之上曰卿若東得無為人道之弇曰此重事不敢為人道也上以弇為建威大將軍案范書弇傳此在建武元年二年封好時侯此下從太平御覽補張步都臨淄時案范書弇傳張步都劇使諸郡太守合萬餘人守臨淄以後文攻之范書為合使弟玄武將軍藍將兵守西安去臨淄四十里耿弇以軍營臨淄西安之間弇視西安城小而堅藍兵又精未易攻也臨淄諸郡太守相與雜居人不專一其聲雖大而虛易攻弇內欲攻之告令軍中治攻具後五日攻西安復縱生口令歸藍聞之

晨夜守城至期日夜半令軍皆食會明案此下有闕文

乃敕諸將皆蓐食會明至臨淄城……弇傳今

案本以為宜速攻西安本文所脫當即此也求之

攻西安臨淄不能救也弇曰然吾故揚言欲攻西安今方自憂治城具而吾攻臨淄一日必拔何救之有吾得臨淄即西安孤必復亡矣所謂一舉而兩得者也且西安城堅精兵二萬人攻之未可卒下卒必多死傷正使得其城張藍引兵突臨淄更彊勤兵憑城觀人虛實吾深入敵地後無轉輸旬日之間不戰而困諸君不見是爾遂擊臨淄至日中破之張藍聞臨淄破果將其衆亡

張步直攻弇營與劉歆等會戰弇升王宮環臺望之弇與步戰飛矢中弇股以佩刀截之左右無知者弇時上在魯聞弇為步所攻自往救之未至陳俊謂弇曰虜兵盛可且閉營休士以須上來弇曰乘輿且到臣子當擊牛釃酒以待百官反欲以賊虜遺君父耶乃出大戰自旦及昏復大破之後數日車駕至臨淄自勞軍也弇凡平城陽琅邪高密膠東東萊北海齊千乘濟南平原泰山臨淄等郡復追張步步奔平壽乃肉袒負斧鑕于軍門而弇勒兵入據其城樹十二郡旗鼓令步

案陸文 案陸文 案陸文 案陸文

校錄黃繩祖

兵各以郡人詣旗下衆尚十餘萬輜重七千餘兩皆罷
遣歸鄉里弇少好學習父業（案范書弇傳弇父況以明經為郎）嘗見郡
尉試騎士建旗鼓肄馳射由是好將帥之事凡所平郡
四十六屠城三百未嘗挫折

耿國

耿國（案國弇弟）字叔憲為大司農曉邊事能論議數上便宜
事天子器之

耿秉

耿秉（案秉國子）字伯初為征西將軍鎮撫單于以下（案此二句從太
平御覽增入）擊匈奴封美陽侯性勇壯而簡易于事軍行常
自被甲在前休止不結營部然遠斥候明要誓有警軍
陣立成士卒皆樂為死秉薨賜朱棺玉衣南單于舉國
發喪剺面流血（案此二句從太平御覽增入）

耿恭

耿恭（案恭國弟子）字伯宗時始置西域都護戊已校尉乃
以恭為戊已校尉（案此句從太平御覽增）恭至即移檄烏孫示漢
威德昆彌以下皆歡喜遣使獻名馬願遣子入侍匈奴
破殺後王安得（案此句從太平御覽增）攻金蒲城恭以毒藥傅矢

案陸文

傳語匈奴曰漢家神箭其中創者必有異因發彊弩射之虜中矢者視創皆沸並大驚相謂曰漢兵神眞可畏也遂解去（案此十三字從太平御覽增入）恭以疏勒城傍有水從居之匈奴來攻絶其澗水吏笮馬糞汁飲之城中穿井十五丈無水恭曰聞貳師將軍拔佩刀刺山而飛泉出今漢德神靈豈有窮乎乃正衣冠向井再拜為吏士請禱有頃井泉湧出吏士驚喜皆稱萬歲恭既得水親自輓籠於是令士皆勿飲先和泥塗城並揚示之[illegible]救兵不至車師復叛與匈奴共攻恭數月食盡窮困乃煑

鎧弩食其筋革恭與士衆推誠同死生故皆無二心擊車師大破之車師太子比特訾降恭生將兵不憂軍事肆心縱欲飛鷹走狗游戲道上虜至不敢出得詔書怨懟徵下獄（案范書恭傳恭是時為長水校尉副馬防征西羌忤防謁者李譚奏恭以罪）耿氏自中興以後迄建安之末大將軍二人九卿十三人尚公主三人列侯十九人中郎將護羌校尉及刺史二千石數百人遂與漢盛衰

東觀漢記卷八

校錄黃繩祖

二校

東觀漢記卷九

列傳四

寇恂

寇恂【案范書恂傳恂字子翼上谷昌平人封雍奴侯】仕郡為功曹太守耿況甚器重之更始時大司馬朱鮪在雒上欲南定河內難其守問鄧禹曰諸將誰可使守河內者【案此十字從太平御覽增】禹曰寇恂文武備足有牧民御衆之才河內富實南迫雒陽非寇恂莫可使也上乃用之【案此四句從太平御覽增】以恂為河內太守行大將軍事恂移書屬縣講兵肄射伐淇園之竹

治矢百餘萬上傳聞朱鮪破河內有頃恂檄至【案范書恂傳時光武北征燕代朱鮪聞河內孤使蘓茂賈彊攻溫恂大破之】上大喜曰吾知寇子翼可任也諸將軍賀因上尊號恂同門生董崇說恂曰上新即位四方未定而君以此時據大郡此讒人所側目怨禍之府也宜思功遂身退之計恂然其言因病不視事建武二年為潁川太守使道之官【案此十字從虞世南北堂書鈔】郡大生旅豆收得一萬餘斛以給諸營執金吾賈復在汝南部將殺人恂捕得乃戮之于市復以為恥過潁川謂左右曰吾今見恂必手劍之恂知其謀不欲與相

校録黄繩祖

校録黃繩祖

見曰昔藺相如屈于廉頗者為國也乃敕屬縣盛供具一人皆兼二人之饌恂乃出迎于道稱疾還賈復勒兵欲追之而吏士皆醉遂過去恂以狀聞上乃徵恂恂至乃見時復先在座欲起相避上曰天下未定兩虎安得私鬭（案執金吾以下至此從太平御覽纂入）恂在潁川郡中政理賊不入境徵入為金吾潁川盜賊羣起車駕南征恂從至潁川盜賊悉降百姓遮道曰願從陛下復借寇君一年（案賊不入境以下至此從虞世南北堂書鈔纂入）上乃留恂（案此四字從李善文選注增）隗囂死其將高峻擁兵據高平上入關將自征之寇恂時從上

議遣使降之上乃謂恂曰卿前止吾此舉今為吾行也若峻不即降引耿弇等諸營擊之恂奉璽書至高平峻遣軍師皇甫文謁辭禮不屈恂怒將誅文諸將諫曰高峻精兵萬人率多強弩西遮隴道連年不下今欲降之反戮其使無乃不可乎恂不應遂斬之遣其副歸告峻曰軍師無禮已戮之矣欲降則降不欲固守峻惶恐即日開城降諸將皆賀因曰敢問戮其使而降城何也恂曰皇甫文峻之腹心其所計事者也今來不屈無心降耳諸將曰非所及也（案此段從太平御覽纂入）

案隱文　案隱文

案隱文

案隱文

案隱文

二案字俱隱文

校録黄繩祖

岑彭

岑彭〔案范書彭傳彭字君然南陽棘陽人封舞陰侯〕亡歸宛與貳師嚴尤共城守〔案范書彭傳王莽時守本縣長漢兵起攻拔棘陽彭被創亡歸宛與前隊貳嚴說共城守漢兵攻之數月糧盡與說舉城降此以前隊貳嚴說為貳師嚴尤疑誤〕光武使吳漢收謝躬令彭助漢為方畧拜為刺姦大將軍督察眾營授以所持節從平河北彭伐樹木開道直出黎丘〔案范書彭傳此建武三年彭擊秦豐時事上下文闕〇此十字從李善文選注纂入〕彭以將伐蜀漢而津鄉當荊揚之咽喉乃自引兵還屯津鄉因喻告諸蠻夷諸蠻夷相率遣使貢獻于是江南之珍奇食物始流通焉彭圍隗囂于西城

以縑囊盛土為隄灌西城谷水從地中數文涌出故城不拔囂尾擊諸營彭師殿東入弘農界百姓持酒肉迎軍曰蒙將軍為後拒全子弟得生還也彭發桂陽零陵長沙委輸櫂卒凡六萬人騎五千匹皆會荊門〔案范書彭傳此彭攻荊門浮橋事〕詔彭守益州牧所下郡輒行太守事彭若出界即以太守號付後將軍選官屬守州中長史〔案范書彭傳此彭軍入蜀時事〕

岑起

岑起〔案起彭曾孫范書附彭傳起作杞〕元初中坐事免〔案范書彭傳彭封舞陰侯子遵嗣徙封細陽侯至杞以元初三年坐事失國[illegible]〕

岑彭 [illegible]

岑彭

時入書曰

即以太守號付彭將軍選官屬守州中長吏 [illegible]

[illegible]以書[illegible]彭[illegible]所下[illegible]太守[illegible]界

長沙委輸櫂卒凡六萬人騎五千匹會荊門[illegible]

軍[illegible]攻浮[illegible]全[illegible]萬[illegible]還也[illegible]

不[illegible]東入江關界百姓持牛酒迎

以縑囊盛土為隄灌西城谷水從地中數丈涌出故城

東觀漢記　卷九　　三

[illegible]于是江南之珍奇食物始流通焉[illegible]圍隗囂于西城

自引兵還屯津鄉[illegible]告諸蠻夷諸蠻夷相率遣使貢

[illegible]彭以將[illegible]漢[illegible]船[illegible]

遂收樹木開道直出黎丘擊秦豐[illegible]

署彭為刺姦大將軍督察眾營授以所持節從平河北

[illegible]

岑彭[illegible]

[illegible]

林[illegible]寅編述

馮異

馮異字公孫潁川人異薦邑子銚期叔壽殷建左隆等光武皆以為掾史（案范書異傳殷建作段建時光武署異為主簿）齊武王以譖愬遇害上與衆會飲食笑語如平常異侍從親近見上獨居不御酒肉枕席有泣涕處異獨入叩頭寬解上意（案齊武王以下至此從李善文選注纂入）異因間進說曰天下同苦王氏思漢久矣更始諸將縱橫暴虐所至擄掠百姓失望今專命方面施行恩德夫有桀紂之亂乃見湯武之功民人饑渴易為充飽宜急分遣屬官徇行郡縣理冤結布惠澤

上納之王郎起兵上自薊東南馳晨夜草舍夜至饒陽蕪蔞亭時天寒烈衆皆饑疲異上豆粥明旦上謂諸將曰昨日得公孫豆粥饑寒俱解王郎追上上自薊東南馳至南宮聞王郎軍將至異進一笥麥飯兔肩因渡滹沱河至信都更始遣舞陰王李軼廩丘王田立大司馬朱鮪白虎公陳僑將兵三十萬共守雒陽（案范書異傳陳僑作陳橋）上以異為孟津將軍屯河上（案此并下事從太平御覽纂入）上報異曰軼多詐不信人不能得其要領今移其書告朱鮪知之（案范書異傳是時異與李軼通書軼不與異爭鋒異具以奏聞光武故宣露軼書令鮪知之鮪怒遂使人刺殺軼

馮異

馮異字公孫潁川人異薦邑子銚期叔壽殷建左隆等

光武皆以為掾史從[illegible]書異傳[illegible][illegible]齊武王以譖[illegible]

遇害上與衆會飲食笑語如平常異侍從親近見上

獨居不御酒肉枕席有泣涕處異獨入叩頭寬解上意

漢久矣更始諸將縱橫暴虐所至虜掠百姓失望今公專

命方面施行恩德夫有桀紂之亂乃見湯武之功民入饑

[illegible]宜急分遣官屬徇行郡縣理冤結布惠澤

東觀漢記　卷九

四

上納之王郎起兵上自薊東南馳晨夜草舍至饒陽

蕪蔞亭時天寒烈衆皆饑疲異上豆粥明旦上謂諸將

曰昨日得公孫豆粥饑寒俱解王郎追上上自薊去南

馳至南宮聞王郎軍將至異進一合衆欲[illegible]會因遷[illegible]

施河至信都更始遣將舉陽王李軼應[illegible]王由立大司馬

朱鮪白虎公陳[illegible]將兵三十萬共守[illegible]陽

上以異為孟津將軍化河上[illegible]上報異曰

軼多詐不信人不能得其要領今設其書令朱鮪知之

校錄黃瀚祖

校錄黃繩祖

異擊走朱鮪追至雒陽城門環城一匝乃還上聞之大喜諸將皆賀（案此二十字係太平御覽纂入）異曰更始敗亡天下無主（案范書異傳建武元年諸將勸光武即帝位光武乃召異詣鄗問四方動靜異對宜從衆議此其名對語也）諸將勸光武立乃召異上曰我夢乘龍上天（案太平御覽作我昨夜夢騎赤龍上天）覺寤心中動悸異因下席再拜賀曰此天命發于精神心中動悸大王重慎之性也異遂與諸將定議上尊號建武中征賊還過陽翟詔異上冢下潁川太守都尉及三百里内長吏皆會使太中大夫致牛酒宗族會郡縣給費（案建武中以下至此據太平御覽纂入）

遣馮異討赤眉車駕送至河南賜以乘輿七尺玉具劍勅異曰念自修整無為郡縣所笑異頓首受命西行布威信黽池霍郎陝王長湖濁惠華陰陽沈等稱將軍者皆降與赤眉遇于華陰相距六十餘日降其將劉始王重等拜為征西大將軍與赤眉相距上命諸將士屯黽池為赤眉所乘反走上回谿阪異復合兵追擊大破之殺底璽書勞異曰垂翅回谿奮翼黽池（案拜為征西大將軍以下至此據李善文選注纂入）失之東隅收之桑榆人有上章言異威權至重專治關中百姓歸心使者宋嵩西上因以章示異（案范

異奉文未綸宣主維陽故門陳城一血乃還上國之大
壽語將各賞異曰吏治敗下入下無
主國[illegible]書異[illegible]
諸將勸光武立乃召異曰我夢乘龍上
天[illegible]覺悟心中動悸異因下席再拜
賀曰此天命發于精神心中動悸大王重慎之性也異
遂與諸將定議上尊號建武中征賊遂過陽翟詔異上
冢下潁川太守都尉及三百里內長吏皆會使太中
大夫齎牛酒宗族會朝歸命賁

東觀漢記 卷九　五

遣西異討赤眉車駕送至河南賜以乘輿七尺玉具
劍敕異曰令自修整無為郡縣所苦異頓首受命西行布
威信進[illegible]陝王長湖濁惠華陰[illegible]降
皆降與赤眉遇于華陰相距六十餘日降其將劉始王
重等拜為征西大將軍與赤眉相距上命諸將士屯黽
池為赤眉所乘反走上回谿阪異復合兵追擊大破之
敕疾璽書勞異曰垂翅回谿奮黽池
失之東隅收之桑榆人有上章言異威權至
重喜治國中百姓歸心使各求西上因以章示異

案陸文

二案字俱陸文

二案字俱陸文

案陸文

校録黃繩祖

書異傳此建武五年事異惶懼上書謝六年朝京師光武引見馮異謂于公卿曰是我起兵時主簿為我披荊棘定關中者也[illegible]賜異璽書曰聞吏士精銳水火不避購賞之賜必不使將軍負丹青失斷金案范書異傳建武九年令異行天水太守事攻公孫述將趙匡等故有是詔異敕吏士非交戰受敵常行諸營之後相逢引車避之由是無爭道變鬭者案此二十九字從李賢范書異傳注纂入異為人謙退每止頓諸將共論功伐異常屏止樹下軍中號大樹將軍案此段從太平御覽纂入

馮彰

永平五年從封彰為平鄉侯案彰異長子范書異傳異封陽夏侯子彰嗣至是徙封食鬱林潭中彰子普坐鬭殺游徼會赦國除案范書異傳安帝永初六年復紹封普子晨為平鄉侯

朱祜

朱祜字仲先案范書祜傳祜南陽宛人少孤歸外家復陽劉氏九字從御覽水經注纂入上以祜為護軍案范書祜傳此光武為大司馬討河北時事常舍止于中祜侍燕從容曰長安兵亂公有日角之相從以觀上風采上曰召刺姦收護軍祜由是不復言以祜為建義將軍攻朱鮪案此光武初即位時事祜斬張成祜斬

（書異傳此是武五年書異惶懼上書謝六年朝京師）引見，異謂于公卿曰：是我起兵時主簿，為我披荊棘，定關中者也。賜異璽書曰：聞吏士精銳，水火不避，購賞之賜，必不使將軍負丹青，失斷金（范書異傳建武九年今異行天水[illegible]安事以公將[illegible]將軍[illegible]有是諸太）。異識吏士非交戰受敵，常行諸營之後，相逢引車避之，由是無爭道變鬥者（[illegible]書異傳注[illegible]集此二十九字從入[illegible]）。異為人謙遜，每止頓，諸將共論功伐，異常屏止樹下，軍中號大樹將軍（[illegible]御覽[illegible]）。

馮彰

東觀漢記　卷九　六

永平五年，從封彰為平鄉侯（[illegible]封陽夏侯[illegible]書異長子彰[illegible]異傳），食鬱林潭中。彰子普坐鬬殺游徼，會赦，國除（范書異傳）。（帝永初六年紹封普子晨為平鄉侯）

朱祐

朱祐字仲先（案范書祐傳南陽宛人），少孤，歸外家復陽劉氏。（[illegible]）上以祐為護軍（范書祐傳此光武為大司馬討河北時事），常舍止于中。祐侍讌，從容曰：長安兵亂，公有日角之相。從以觀上風采。上曰：召刺姦收護軍。祐由是不復言。以祐為建義將軍，攻朱鮪（[illegible]此時光武事[illegible]），祐禁亂[illegible]為斬

校錄黃[illegible]祖

案語加印綫下 案語文

案語文

校録 黄繩祖

張成延岑敗走收得所盜茂陵武帝廟衣印綬封祐（案此建武二年張成秦豐將也）為南侯邑七千三百戶祐自陳功薄而國大願受南陽五百戶足矣上不許上在長安時常與祐共車而出與共買蜜合藥後追念之乃賜祐白蜜一石問何如在長安時共買蜜乎又過祐宅祐嘗留上須講竟乃談話及登位車駕幸祐第上謂祐曰主人得無去我講乎祐曰不敢（案此四字從李賢注增）

祭遵

上過潁陽祭遵（案范書遵傳字弟孫潁陽人封潁陽侯）以縣吏數進見上

東觀漢記 卷九

愛其容儀署為門下吏從征河北為軍市令上舍中兒犯法遵格殺之上怒命收遵主簿陳副諫曰明公常欲眾軍整齊今遵奉法不避是教令行也上乃貸之以為刺姦將軍語諸將曰當備祭遵吾舍中兒犯法尚殺之必不私諸卿也為征虜將軍將兵北入箕關與弘農厭新柏華蠻中賊合戰弩矢入口洞出舉袖掩口血流袖中眾見遵傷却退遵呵吏士吏士進戰皆一人擊十大破之（案遵為征虜將軍以下十二字從太平御覽增）遵遣護軍王忠皆持刀斧伐樹開道至略陽襲隗囂隗囂破上從長安東歸

衰成延岑敗走收相所盜焚還武帝廟不印綬封璽

爲蜀侯邑七千三百戶[illegible]自陳功薄而國大願受南宮

五百戶民矣上不許上在長安時嘗與諸共東出與

共買蜜合藥後追念之乃遺[illegible]白蜜一石問何如在長

安時共買蜜乎又遺[illegible]舍上頻講竟乃敘諸及

登位車駕幸[illegible]舅上語[illegible]曰主人得無去我講乎[illegible]曰

不敢[illegible]

祭遵

上過潁陽祭遵[illegible]以縣吏數進見上

愛其容儀署爲門下吏從征河北爲軍市令上舍中

兒犯法遵格殺之上怒命收遵主簿陳副諫曰明公常

欲衆軍整齊今遵奉法不避是教令行也上乃貸之以

爲刺姦將軍語諸將曰當備祭遵吾舍中兒犯法尚殺

之必不私諸卿也爲征虜將軍將兵北入箕關與弘

農厭新柏華蠻中賊合戰弩矢入口洞出牽袖掩口血

流袖中衆見遵傷稍引退遵呵吏士士卒戰皆一人當

十大破之[illegible]遵遣護軍王忠皆持

乃令收劉開道至昭陽[illegible]聞嘗遂上從長安東歸

校録黃綬祖

過汧幸祭遵營勞之士衆作黃門武樂至夜御燈火(案此十二字從太平御覽增)時遵有疾詔賜重茵覆以御蓋公孫述遣兵救隗囂吳漢耿弇等悉奔還遵獨留屯汧詔書曰將軍連年拒難衆兵即却復獨按部功勞爛然兵退無宿戒糧食不豫具今乃調度恐力不堪國家知將軍不易亦不遺力今送縑千匹以賜吏士祭遵奉公賞賜與士卒家無私財身衣布衣韋袴(此二字從虞世南北堂書鈔增)臥布被終身(此二字從虞世南北堂書鈔增)夫人裳不加緣士以此重之(案此句從虞世南北堂書鈔增)遵病薨喪至河南縣詔遣百官皆至喪所

東觀漢記　卷九

上車駕素服往弔望城門舉音遂哭而慟還幸城門閱過喪車瞻望涕泣上親臨祠以太牢儀如孝宣帝臨霍將軍故事時下宣帝臨霍將軍儀令公卿讀視以為故事(案此十八字從李賢范書遵傳注纂入)博士范升上疏曰遵為將軍取士皆用儒術對酒娛樂(案娛樂太平御覽作設樂)必雅歌投壺又建為孔子立後奏置五經大夫雖在軍旅不忘王室(案不忘太平御覽作心存)可謂守死善道者也乃贈將軍給侯印綬(案此六字從太平御覽增)上遣校尉發騎士四百人被玄甲兜鍪兵車軍陣送遵葬遵廉潔奉公死後每至朝會[illegible][illegible]歎曰安

案陸文

案陸文

校録黄紹祖

得憂國奉公之臣如祭征虜者乎〔案遵廉潔奉公以下從太平御覽纂入〕上數嗟歎衛尉銚期見上感慟對曰陛下至仁哀念祭遵不已羣臣各懷慚懼也遵無子國除〔案此五字從太平御覽纂入〕

祭肜

祭肜〔案肜遵從弟〕字次孫膂力過人力貫三百斤弓為襄賁令是時盜賊尚未悉平而襄賁清靜詔書增秩一等賜縑百匹策書勉勵拜遼東太守至則厲兵馬遠斥候虜每犯塞常為士卒先鋒數破之肜之威聲揚于北方諸夷

皆來內附野無風塵乃悉罷緣邊屯兵鮮卑奉馬一匹貂裘二領〔案貂裘以下至[illegible]從太平御覽纂入〕肜素清約為遼東太守三十年衣無副儲顯宗嘉其功賜錢百萬及衣冠刀劍下至杯案食物大小重疊入為太僕從至魯過孔子講堂〔案此五字從太平御覽增〕上指子路曰此太僕室也太僕吾之禦侮及肜卒烏桓鮮卑追思無已每朝京師過肜冢拜謁仰天號泣乃去〔案及肜卒以下至此從太平御覽纂入〕

祭參

鮮卑千餘騎攻肥如城殺略吏人祭參〔案參肜子〕坐沮敗下

鮮卑千餘騎攻泥如城破略吏入蔡家圍[illegible]生沮攻下

祭參

詔御天號造乃去 [illegible]

悔及發卒烏桓鮮卑追急無已毋朝京師過拜[illegible]

堂[illegible]上皆予路曰此太僕室也太僕吾之帶

下至林季會物大小重疊入為太僕往生魯過孔子講

三十年不無副餘國宗嘉其功賜錢百萬及不冠乃劍

船來三領[illegible]為書詰約為遣東太守

皆來內附野無風塵乃悉罷緣邊屯兵鮮卑奉馬一匹

又觀漢紀 卷九 九

是北塞常為士卒先鋒數破之鮮卑之威聲揚于北方諸夷

練百已策書勉勵拜遼東太守至則厲兵馬廣斥候

今是時邊既尚未寧而寬嚴清靜語書賜一善馬

祭肜[illegible]祭肜 適 字次孫曾為過入力曾三百斤為襄賁

祭[illegible]祭肜

◎

祭遵不已草臣各懷衛權也遣使于國除[illegible]

◎中敵遣衛紹期見上感慟對曰陛下至仁哀念

得愛國本分之臣如孫在盧者乎[illegible]

校錄黃[illegible]

案隆文

案隆文

校録黃紹祖

獄誅

○景丹

王莽時舉有德行能言語通政事明文學之士景丹（案范書丹傳丹字孫卿馮翊櫟陽人）因以言語為固德侯相丹率衆至廣阿上聞外有大兵自來登城勒兵在西門樓上（案太平御覽作出至城外兵所下馬坐鞍旃毾㲪上）問何等兵丹等對曰上谷漁陽上曰為誰來乎對曰為劉公即請丹入（上設酒肉）人人勞勉恩意甚備建武二年定封丹櫟陽侯上謂丹曰今關東故國王雖數縣不過櫟陽萬戶邑富貴不歸故鄉如衣繡夜行故

東觀漢記　卷九　十

以封卿耳丹從上至懷病瘧在上前瘧發寒慄上笑曰聞壯士不瘧今漢大將軍反病瘧耶使小黃門扶起賜醫藥還歸雒陽病遂加拜弘農太守上以其舊將欲令强起領郡事乃夜召入謂曰弘農逼近京師知將軍病但得將軍威重卧以鎮之足矣

蓋延

蓋延字巨卿漁陽要陽人身長八尺彎弓三百斤以氣勢聞為幽州從事（此句從李賢注書延傳注纂入）光武以延為虎牙將軍（案此句從酈道元水經注纂入）圍劉永于睢陽夜梯其城入永驚懼走

案陸文

案陸文

案陸文

校録黄繩祖

出魚門延追擊大破之斬其魯郡太守梁丘壽沛郡太守陳修永軍反走溺水者半後與戰連破之遂平沛楚臨淮悉降延令沛修高祖廟置嗇夫祝宰樂人（案永軍以下至此從酈道元水經注纂入）因齋戒祝高廟延上疏辭曰臣幸得受干戈誅逆虜奉職未稱久留天誅常恐汚辱名號不及等倫天下平定以後曾無尺寸可數不能預竹帛之編明詔深閔儆戒備具每事奉詔命必不敢爲國之憂也（案范書延傳帝以延深入輕敵數以書誡之故延有是奏）龐萌攻延延與戰破之詔書勞延曰龐萌一夜反畔相去不遠營壁不堅殆令

東觀漢記　卷九　十一

人齒欲相擊而將軍有不可動之節吾甚美之夜聞急少能若是（案此二句從太平御覽增）永初七年詔封延曾孫為盧亭侯（案范書延傳延封安平侯延孫側以謀反誅國除至是復紹封）

銚期

銚期字次況（案范書期傳期潁川郟人封安成侯）為光武賊曹掾從平河北上至薊薊中應王郎上驚去吏民遮道不得行期瞋目道左右大呼曰蹕大衆披辟鄧禹發房子兵二千人以期為偏將軍别攻真定宋子餘賊援樂陽槀肥纍者（案鄧禹以下至此從酈道元水經注纂入）期從擊王郎將兒宏劉奉于鉅鹿下

期先登陷陣手殺五十餘人創中額攝幘復戰遂大破之（案此段從太平御覽集入）後勸上即位上笑曰卿欲遂蹕耶期疾病使者存問加賜醫藥甚厚其母問期當封何子期言受國家恩深常慙負如死（案此十字從李賢後書期傳注增）不知當何以報國何宜封子也上甚憐之

校録黄紹祖

東觀漢記卷九

報國何宜封子也上甚憐之

國家恩深常慙負如死無[illegible]不知當何以

病使者存問加賜醫藥其母問期當封何子期言受

之[illegible]太發勸上即位王笑曰卿欲遠譯而期疲

明元發隴陣乎拔五千餘人匈中鎮攝精覆輕遠大破

校錄 黃[illegible]

案陸文

案陸文

東觀漢記卷十

列傳五

耿純

耿純字伯山，鉅鹿人。于邯鄲見上，遂自結納，獻馬及縑帛數百匹。王郎舉尊號，欲收純，純持節與從吏夜遁出城，駐節道中，詔取行者車馬數十，持歸宋子。光武自薊東南馳，純與從昆弟訢、宿、植共率宗族賓客二千餘人，皆衣縑襜褕絳巾，奉迎詣上所在盧奴，言王郎所反之狀。上拜純為前將軍，封耿鄉侯。（案范書本傳光武即位封純高陽侯建武六年定封為東光侯）時郡國多降邯鄲，純兄歸燒宗家廬舍。上以問純，純曰：恐宗人賓客卒有不同，故焚燒廬舍，絕其反顧之望。上大笑。純請治一郡，盡力自効。上笑曰：卿乃欲以治民自効。乃拜純為東郡太守。後坐事免。上過東郡，數千人號呼涕泣，云願復得耿君。上復以純為東郡太守。

臧宮

臧宮字君翁，（案范書本傳宮潁川郟人封朗陵侯）為輔威將軍，將兵擊諸郡，至中盧，屯駱越。是時公孫述將田戎、任滿與漢軍相距于荆門，諸將戰數不利，越人謀欲叛漢附蜀。宮兵少

不足以制也會屬縣送委輸牛車三百餘兩至宮夜使鋸斷城門限令委輸車回轉出入隆至明越人伺候者聞車聲不絕而門限斷以漢兵大來乃奉牛酒勞軍由是遂安以城門校尉轉左中郎將征武陵蠻

馬武

建武六年馬武案范書本傳武字子張南陽湖陽人封楊虛侯與衆將上隴擊隗囂身被兜鍪鎧甲持戟奔擊殺數十人囂追兵盡還武中矢傷

劉隆

建武二十年左中郎將劉隆案范書本傳隆字元伯南陽安衆侯宗近族封慎侯為驃騎將軍即日行大將軍事

馬成

馬成案范書本傳成字君遷南陽棘陽人封全椒侯為郟令上征河北成贏衣步擔渡河詣上成善治障塞自西河至渭橋河上至安邑太原至井陘中山至鄴皆築堡壁起烽燧十里一候

案范書成傳成代驃騎大將軍杜茂繕治障塞又按光武紀建武廿五年驃騎大將軍杜茂免知此條是建武廿五年後事也

王梁

光武拜王梁（案范書本傳梁字君嚴漁陽安陽人封阜城侯）為大司空以武強為侯國梁為中郎將與景丹祭遵合擊蠻中破之詔梁別守天中關

陳俊

陳俊（案范書本傳俊字子昭南陽西鄂人封祝阿侯）初調補曲陽長上曰欲與君為左右小縣何足貪乎俊即拜解印綬上以為安集掾建武二年俊攻匡城賊下四縣

陳浮

建武二十三年詔書以祝阿益濟南國故徙浮（案浮[illegible]）封蘄春侯

傅俊

傅俊（案范書本傳俊字子衛潁川襄城人封昆陽侯）從上迎擊王尋等于陽關漢兵反走還汝水上上以手飲水澡盥鬚眉塵垢謂俊曰今日罷倦甚諸卿寧憊耶

堅鐔

堅鐔字子皮（案范書本傳作字子伋潁川襄城人封合肥侯）光武以鐔為揚化將軍鐔獨孤絕南拒鄧奉北當董訢一年間道路隔塞糧饋不至食蔬菜與士卒共勞苦

案陸文

王霸

王霸（案范書霸傳霸字元伯潁川潁陽人封淮陵侯）祖父為詔獄丞上為大司馬霸為功曹令史從渡河北賓客隨者數十人稍稍引去上謂霸曰潁川從我者皆逝而子獨留始驗疾風知勁草王郎起上在薊郎移購上上令霸至市口募人將以擊郎市人皆大笑舉手揶揄之霸慙而去■上從邯鄲避■郎兵晨夜馳騖傳聞軍在後吏士惶恐南至下曲陽滹沱河導吏言河水流澌無船不可渡左右皆惶畏為■郎所及上令■霸前瞻水霸欲如實還報恐驚官屬雖

不可渡且臨水止尚可為阻即白曰冰堅可渡衆大喜上大笑曰果妄言也遂前■比至冰合可渡上令霸護渡馬欲僵以囊盛沙布冰上乃渡渡未畢數車而冰陷上謂霸曰安吾衆能濟者卿力也謂官屬曰王霸從我勞苦前遇冰變權時以安吏士是天瑞也為善不賞無以勸後即日以霸為軍正賜爵關内侯劉文及蘇茂臣永上遣■霸討之霸至遂閉門堅守勞賜吏士作倡樂賊衆讙呼雨射營中中霸前酒樽霸安坐不動[illegible]為上谷太守修飛狐道至平城堆石

布土三百餘里

任光

任光字伯卿（案范書光傳光南陽宛人封阿陵侯）初爲鄉嗇夫漢兵攻宛軍人見光衣冠鮮明令解衣將斬而奪之會光祿勳劉賜適至視光容貌長者乃救全之光武平河北光暮入堂陽使騎皆炬火天地赫然盡赤堂陽驚怖即夜降

任隗

任隗（案隗光子）字仲和從羽林監遷虎賁中郎將建武元年始置將作大匠自隗始隗拜司空永元初外戚秉權朝

臣畏悚莫敢抗者惟隗與袁安同心畢力數犯顏諫

李忠

李忠字仲都（案范書本傳忠東萊黄人）父爲高密中尉忠發兵奉世祖爲右將軍封武固侯時無綬上自解所佩綬以賜之上初至不脫衣帶衣服垢薄使忠解澣長襦忠更作新袍袴解支小單衣襪而上之上問諸將破賊所得物惟忠獨無所掠上曰我欲賜之諸君得無望乎即以所乘大驪馬及繡被衣物賜之王郎遣將攻信都信都大姓馬寵等開城內之收太守宗廣及忠母妻子皆繫獄而

令親屬招呼忠時寵弟從忠為校尉忠即時召見責數以背恩反賊因格殺之諸將皆驚曰家屬在人手中殺其弟何猛也忠曰若縱賊不誅則二心也上聞而美之謂忠曰今吾兵已成也將軍可歸救老母妻子忠曰蒙明公大恩思得効命誠不敢內顧宗親忠病濕痹免

李純

永平二年坐純〔案純忠孫〕母禮殺威弟季〔案范書忠傳忠封中水侯卒子威嗣威卒子純嗣永平九年坐母殺純叔父國除此以二年為九年仍脫國除二字〕

邳彤

邳彤字偉君信都人也〔案范書本傳封靈壽侯〕王莽末分鉅鹿為和戚成郡居下曲陽以彤為卒正更始即位上以大司馬平河北至曲陽彤舉城降為後大將軍信都反為王郎所置信都王捕繫彤父弟及妻子使為手書呼彤曰降者封爵不降者滅族彤泣報曰事君者不得顧家彤親所以至今日得安于信都者劉公之恩公事方爭國不得復念私也

劉植

光武以劉植〔案范書本傳植字伯先鉅鹿昌城人〕為驍騎將軍攻中山封昌

案陰文

案陰文

案陰文

二案字俱陰文

城侯■孫述坐與楚謀反國除

劉歆

劉歆字細君案歆植從兄

劉嘉

劉嘉字共仲案嘉植弟范書本傳嘉作喜建武四年以嘉為驍騎將

軍攻涿郡

王常

王常案范書常傳常字顔卿其先鄠人■父博成哀間轉客潁川

舞陽因家馬光武于大會中指常謂羣臣曰此家率下

江諸將輔翼漢室心如金石真忠臣也是日遷■■漢

忠將軍■為横野大將軍位次與諸將絶席封山桑侯■

孫廣坐楚事國除

李通

齊武王嘗殺通案范書本傳通字次元南陽宛人封固始侯同母弟申屠臣

案申屠臣本書光武紀作公孫臣上恐其怨不欲與軼相見軼數請上

乃强見之軼深達通意上乃許往意不安買半■佩刀

懷之至通舍通甚歡握上手得半■乃謂上曰一何武

也上曰倉卒時以備不虞耳

王莽前隊大夫誅謀反者

通娶寧平公主

通聞事發覺，被馬欲出，馬驚在轅中，惶遽著鞍，上馬出門，顧見車方自覺，乃止。通娶寧平公主，為大司空，性謙

[illegible]爲大司空[illegible]性謙恭[illegible]遜稱讓病不視事[illegible]上司
[illegible]中發以特進奉朝請入之右司請封諸皇子上感通
首創大謀封通少子雄爲郎陵侯無幸内臨當遣使以
太牢祠通父冢

竇融

河西太守竇融[周][諱]公孫林書風[illegible]平傳破融入字遣使獻橐駝令弟友
詣闕道絕驗還遣司馬虞封間行通書[康][諱]封況作書[illegible]封傳光
武詔封融曰行河西五郡大將軍涼州牧張掖屬國都
尉竇融執志忠孝扶微救危仇疾反虜隗囂率厲五郡

精兵羌胡卒集兵不血刃而虜土崩瓦解功既大矣萬
意分明斷之不疑吾甚嘉之其以安豐陽泉蓼安風凡
四縣封融爲安豐侯融光武時數辭爵位不欲傳子不
許因上疏曰臣融年五十三有一子年十五質性頑鈍
臣融朝夕教導以經藝不得令觀天文見讖記誠欲令
恭肅畏事恂恂修道不願其有才能何況乃當傳以連
城廣土享侯國哉他日會見迎詔融曰公欲讓職還土
令相見不宜論也融嗣子穆尚内黃公主而融弟顯親
侯[illegible]友嗣子固尚沮陽公主[illegible]作沮作陽湿陽書[illegible]子勳尚東

案隱文

數雖親以下接第九頁

案隱文

案隱文

海公主女（案范書融傳穆子勳尚東海恭王彊女沘陽公主誤）竇氏一公兩侯三公主四二千石自祖至孫官府廄第相望奴婢以千數雖親戚功臣莫與為比（案太平御覽作固破西羌還是時竇氏公侯二千石並在朝廷門內尚三公主賞賜恩寵榮于當世親戚功臣無與為等也）

竇固

竇固字孟孫（案固融弟友子）少為黃門郎謙讓有節操中元元年以固為中郎將監羽林左騎[redacted]為奉車都尉與駙馬都尉耿秉北征匈奴遂滅西域開通三十六國在邊數年羌胡親愛之羌胡見客炙肉未熟人人長跪前割之

血流指間進之于固固輒為啗不穢賤之是以愛之如父母也破西羌還為衛尉奉兩宮宿衛而見重當世恭謹下士賑施宗族甚有名稱

竇憲

竇憲（案憲融曾孫[redacted]范書本傳憲字伯度）恃宮掖聲勢遂以賤直奪沁水公主園田公主不敢訴後肅宗駕出過園指以問憲憲陰喝不得對發覺帝大怒召憲切責曰今貴主尚見枉奪何況小民乎章帝崩竇太后臨政憲為大將軍[redacted]

[redacted]弟景執金吾瓌將作大匠光祿勳大將軍置

長史司馬員吏官屬位次太傅封武陽侯食邑二萬戶憲固辭封詔曰大將軍憲前歲出征克滅北狄朝加封賞固辭不受舅氏舊典竝蒙爵土其封憲冠軍侯邑二萬戶憲以特進見禮依三公竝未開封

卓茂

卓茂字子康（李善文選注作字子容）南陽人也為丞相史嘗出道中有人認茂馬者茂問失馬幾日對曰月餘矣茂曰然此馬已畜數年遂解馬與之曰即非所失幸至丞相府還我乃步輓車去後日馬主自得其馬慙愧詣府叩頭

謝歸馬茂為密令河南郡為置守令與茂竝居久之吏人不歸往守令茂視民如子口無惡言吏民親愛而不忍欺之民嘗有言部亭長受其米肉遺者茂問之曰亭長從汝求乎為汝有事屬之而受乎將平居恩意遺之乎民曰往遺之耳茂曰遺之而受何故言耶民曰竊聞賢聖之君使民不畏吏吏不取民今我畏吏是以遺之茂曰凡人所以貴于禽獸者以有仁愛知相敬事也亭長素為善吏歲時遺之禮也今鄰里尚致餽此乃相親況吏民乎凡人之生羣居雜處故有經紀禮儀以相交

接汝獨不欲修之寧能高飛遠去不在人間耶民曰苟如此律何故禁之茂笑曰律設大法禮從人情今我以禮教汝必無怨惡以律治汝何所措其手足乎時天下大蝗河南二十餘縣皆被其災獨不入密界督郵言之太守不信自出案行見乃服馬光武即位先訪求茂太平御覽作求茂謁見茂時年七十餘矣詔封茂宣德侯以茂為太傅賜几杖安車一乘茂為人恬蕩樂道推實不為華貌束身執節案此四字從虞世南北堂書鈔纂入行己在于清濁之間自束髮至白首與人未嘗有爭競

東觀漢記　卷十

東觀漢記卷十

東觀漢記卷十一

列傳六

鄧晨

鄧晨（案范書晨傳晨字偉卿封西華侯）南陽人曾祖父隆揚州刺史祖父勳交阯刺史晨與上共載出逢使者不下車使者怒頗加恥辱上稱江夏卒史晨更名侯家丞使者以其詐將至亭欲罪之新野宰潘叔為請得免晨與上起兵吏乃燒晨先祖祠堂汙池室宅焚其家墓宗族皆怒曰家自富足何故隨婦家人湯鑊中（案晨娶光武姊元故晨有是語）晨終無

恨色上微時與晨觀讖云劉秀當為天子或言國師公劉秀當之上曰安知非僕乎建武三年上徵晨還京師數燕見說故舊平生為忻樂晨從容謂帝曰僕竟辦之帝大笑晨為陳留郡興鴻郤陂溉郡稻常以豐熟兼流給他郡

來歙

來歙字君叔南陽人也有大志慷慨治左氏春秋歙與劉嘉俱詣雒陽世祖見歙與之大歡曰君叔獨勞苦解所被襜襦以衣歙拜太中大夫建武五年持節送馬

援奉璽書于隗囂囂遣子恂隨入侍時山東略定帝謀西收囂兵與俱伐蜀囂將王元說囂故狐疑不決歙素剛直遂發憤責之曰國家以公知臧否曉廢興故以手書暢至意足下推忠誠遣伯春委質是君臣父子信也今乃欲從佞惑之言為族滅之計叛主負子違背忠信吉凶之決在于今日因欲前刺囂囂起入部勒兵將殺歙歙仗節就車而去歙與征虜將軍祭遵襲略陽因保其城上聞甚悅左右怪上數破大敵今得小城何足以喜然上以略陽囂所依阻心腹已壞則制其支體易也

隗囂圍歙于略陽（案范書歙傳歙襲得略陽囂大驚曰何其神也乃悉兵數萬人圍之也）上詔曰桃花水出船槃皆至郁夷陳倉分部而進上大發關東兵自將上隴討隗囂囂衆潰走圍解于是置酒高會賜歙班絕席坐在諸將之右賜歙妻縑千匹上使歙監諸將[illegible]因歙上疏宜益選兵馬儲積資糧詔于汧積穀六萬斛驢四百頭負馱隗囂破後有五谿六種寇見便鈔掠退阻營塹歙乃大治攻具衝車度塹遂與五谿戰大破之[illegible]與蓋延攻公孫述將王元破之蜀人大懼使刺客刺歙歙未死馳告蓋延延見歙伏悲不能仰

視歛叱曰故呼卿欲屬以軍事而反效兒女子泣涕乎延收淚强起受所誡歛自書表投筆抽刃而死〔案范書傳贈歛征羌侯〕

樊重

樊重字君雲南陽人〔案重光武外祖〕世善農稼好貨殖治家產業起廬舍高樓連閣陂池灌注竹木成林閉門成市家素富外孫何氏兄弟爭財重恥之以田二頃解其忿訟縣中稱美推為三老年八十餘臨終其素所假貸人間數百萬遺令焚削文契債家聞者皆慙爭往償之諸子

從敕竟不肯受世祖即位追封重為壽張敬侯

樊宏

樊宏〔案宏重長子〕字靡卿拜光祿大夫位特進封長羅侯建武十三年從都尉謝侯〔案范書本傳不載宏從封亦無宏為都尉之文〕十五年徙封壽張侯宏為人謙慎常戒其子曰富貴盈溢未有能終者天道惡滿而好謙前世貴戚皆明戒也保身全己豈不樂哉宏每當朝會迎期先到俯伏待事時至乃起上聞之敕騶臨朝乃告勿令豫到宏病困車駕臨問具所欲言宏頓首自陳無功享食大國願還壽張食小

鄉亭上悲傷其言而不許

樊鯈

樊鯈宏長子字長魚事後母至孝母嘗病癰鯈晝夜匍伏不離左右至為吮癰母終上遣中黃門朝暮餐食野王獻甘膠膏餳每作大發吏以為饒利鯈知之臨薨奏馬

樊梵

樊梵鯈第三子字文高為尚書郎每當直事常晨駐馬待漏雖在閒署冠劍不解于身每齋祠恐失時乃張燈俯

伏為郎二十三歲未嘗被奏三署服其慎也

樊準

樊準宏族曾孫字幼陵為别駕從事臨職公正不發私書世稱冰清準見當時學者少憫先王道術陵遲乃疏曰光武皇帝受命中興之初羣雄擾于冀州旌旗亂于大澤然猶投戈講學息馬論道孝明皇帝尤垂情古典游意經藝删定乖疑稽合圖讖封師太常桓榮為關内侯親自制作五行章句每享射禮畢正坐自講諸儒竝聽四方欣欣是時學者大盛冠帶搢紳遊辟雍觀化者億

案陸文　案字陸文范書鯈傳作每輒擾人　案語加大發下　案陸文　案陸文

案陞文　案語加萬計下

萬計。為御史中丞，執憲御下，舉正非法，官寮震慄。轉尚書令，明習漢家舊事，周密畏慎。

案范書淮傳：時鄧太后臨朝，儒學陵替，淮上疏請博求名儒，徵詣公車，使幸講習之。朝公卿各舉明經及舊儒子孫，進其爵位，使纘其業。太后深納其言。

案陞文

張況

張況案范書張禹傳：禹趙國襄國人，祖父況。遷涿郡太守，時年八十，不任兵馬，上疏乞身，詔許之。後詔問起居何如，子歆對曰：「如故。」詔曰：「家人居不足贍，且以一縣自養。」以況為常山關長。會赤眉攻關城，況出戰死，上甚哀之。

案陞文

張歆

張歆案歆，況子。守皐長，有報父仇賊自出，歆名囚詣閤，曰：「欲自受其辭。」既入，解械飲食之，便發遣，遂棄官亡命。逢赦出，由是鄉里服其高義。後仕為淮陽相，時王新歸國，賓客放縱，干亂法禁，歆將令尉入宮捜捕，王白上，歆坐左遷為汲令，卒官。

案陞文

張禹

張禹案禹，歆子。范書禹傳：禹字伯達，封安鄉侯。好學，習歐陽尚書，事太常桓榮。惡衣食。永平六年，禹為廷尉府北曹吏，處事執平，為京師所稱。明帝以其明達法理，有張釋之風，超遷非次，拜廷尉。徐縣北界有蒲陽陂，水廣二十里，徑且百里

在道西其東有田可萬頃禹為開水門通引灌溉率民假與種糧禹巡行守舍（案范書禹傳禹為下邳相）上大樹下令糒乾飯屑飲水而已後年鄰國貧人來歸之者茅屋草廬千餘戶屠酤成市墾田四千餘頃得穀百萬餘斛功曹吏戴閏當從行縣從書佐假車馬什物禹聞知令直符責問閏具以實對禹以宰士惶恐首實令自致徐獄和帝南巡祠廟園禹以太尉留守北宮太官朝夕送食賜鼎[illegible]具物除子男盛為郎禹為太傅錄尚書事鄧太后以殤帝初育欲令重臣居禁內乃詔禹舍宮中給帷帳牀褥大官朝夕進食五日一歸府每朝見特贊與三公絕席

郭況

郭況（案范書郭后紀后真定槀人父昌昌子況封陽安侯）為城門校尉況皇后弟貴重賓客輻輳而況恭儉謙遜尊奉法度不敢一奢為鴻臚上數幸其宅飲酒賞金帛甚盛京師號況家為金穴言富實也

陰睦

建武二年追尊貴人父睦為宣恩侯（案本書陰后傳睦字君孟后之父也）

案陰文

案陰文

建武二年，追尊貴人父睦為宣恩侯。〔謹案〕范書陰后傳[illegible]

陰睦

金穴，言富實也。

為鴻臚，上數幸其宅，飲酒賞金帛甚盛，京師號況家為金穴。

貴重，賓客輻湊，而況恭儉謙遜，尊奉法度，不敢一奢。

郭況〔謹案〕[illegible]為城門校尉。況，皇后弟。

郭況

公[illegible]席

帳牀褥，太官朝夕進食，五日一歸府，尊朝見，特賜與三

東觀漢記卷十一

六

后以殤帝初育，欲令重臣居禁內，乃詔騭留宮中，給帷

賜〔謹案〕[illegible]具物，除子男為郎，遷為太傅，錄尚書事，騭太

和帝[illegible]迎祠廟園，地以太尉西[illegible]北宮，太官朝夕送食

將責門閣，具以寶封，遇以軍士，隱窺首實，令自致餘權

曹史戴閎當從行縣，從書佐假車馬什物，閎知令直

盧千餘戶，居路致市，繁田四千餘頃，得穀百萬餘斛，加

構乾飯屑，飲水而已，後年稀國貧，入來歸之者葬屋草

民假與種糧，親巡行，守舍〔謹案〕[illegible]書[illegible]傳[illegible]上

在道西，其東有田可萬頃，為開水門，通引灌溉，大樹下[illegible]

南陽新野人

陰識

陰識（案識睦長子范書識傳識字次伯封原鹿侯）為守執金吾居位數十年對賓客語不及國家其慎重如此

陰興

陰興（案興睦次子）字君陵為期門僕射從上出入常操小蓋疾風暴雨屏翳左右泥塗狹隘自投車下脫袴解履涉淖至蹕上欲封興置印綬于前興固讓曰臣未有先登陷陣之功而一家數人並蒙爵土令天下觖望上嘉興之讓不奪其志興盡忠竭思其無益于國雖在骨肉不以私好害公義與同郡張宗上谷鮮于裒不相好知其有用猶稱其所長而達之友人張汜杜禽與興厚善以為華而少實但私之以財終不為言是以世稱其忠平與夫人薨會葬詔使五官中郎將持節至墓賜印綬追封加謚興曰鮦陽翼侯

陰傳

陰傳（案傳興第二子范書作博附見興傳）封濦強侯（永平元年事）七年以濦強屬西（案此下有闕文）徙封于丹陽為期思侯（案司馬書郡國志濦強期思並屬

汝南郡丹陽無期思地此文有誤

東觀漢記卷十一

加案語／案語文

東觀漢記卷十二

列傳七

馬援

馬援字文淵扶風人遠祖以吏二千石自邯鄲徙茂陵成徽里曾祖父通生賓宣帝時以郎持節號使君使君生仲仲官至玄武司馬仲生援援三兄況字君平余字聖卿員字季主援長七尺五寸色理膚髮眉目容貌如畫受齊詩師事潁川滿昌以況出為河南太守次兩兄為吏京師見家用不足乃辭況欲就邊郡畜牧援外類倜

（范書本傳援封新息侯）

儻簡易而內重禮事寡嫂雖在閫內必幘然後見為郡督郵送囚至府囚有重罪援哀而縱之亡命北地遇赦留援嘗歎曰凡殖貨財產貴其能施賑也否則守錢虜耳乃盡散以班昆弟故舊身衣羊裘皮袴隗囂甚重援以為綏德將軍時公孫述稱帝囂使援往觀之援素與述同鄉里相善以為至當握手迎如平生而述方盛陳陛衛以引援入交拜禮畢就館更為援制荅布單衣交讓冠會百官於宗廟立舊交之位述鸞旗旄騎警蹕就車禮甚盛欲授以封侯大將軍位賓客皆樂留援曉之

校録黃繩祖

黃繩祖

因而辭歸謂囂曰子陽井底鼃耳不如專意東方囂乃使援奉書雒陽援初到敕令中黃門引入時上在宣德殿南廡下袒幘坐援至上迎笑謂之曰卿遨遊二帝間見卿使人慚援頓首謝曰當今之世非獨君擇臣臣亦擇君臣與公孫述同縣少小相善臣前至蜀述陛戟而後進臣今臣遠從異方來陛下何以知非刺客而簡易如此於是上復笑曰卿非刺客顧說客耳援乃曰天下反覆自盜名字者不可勝數今見陛下恢廓大度同符高祖乃知帝王自有真也援歸說囂曰前到朝廷上凡十四見

〔闕〕此語意未完當有脫佚

援與楊廣書曰車丞相高祖園寢郎一月九遷為丞相者知武帝恨誅衛太子上書訟之〔闕〕范書傳隗囂遣子恂入侍援將家屬隨恂歸雒陽會囂意狐疑後遂發兵拒漢援具言滅囂謀畫因使援將突騎往來遊說離囂支黨援又為書與囂將楊廣使曉囂降廣不答攷范書備載援書而無此文當由范氏刪落茲從本書

文選注

上自征隗囂至漆諸將多以王師之重不宜遠入險阻計未決會召援因說隗囂側足而立將士土崩之勢兵進必破之狀於上前聚米為山川指畫地勢上曰虜在吾目中矣囂衆大潰援為隴西太守討羌中矢貫腓脛上聞賜羊三千牛三百頭以養病援務開恩信

寛以待下任吏以職但總大體而已賓客故人日滿其門諸曹時白外事輒曰此丞掾任何足相煩若大姓侵小民黠羌欲旅拒此乃太守事耳遷虎賁中郎將援在隴西上書曰富民之本在於食貨宜如舊鑄五銖錢天下賴其便三府以為未可凡十三難援一一解之條奏其狀自還京師數被進見為人明白嫺進對尤善述前事每言及三輔長者至閭里少年皆可觀皇太子諸王聞者莫不屬耳忘倦又擊尋陽山賊上書曰除其竹木譬如嬰兒頭多蟣蝨而剃之蕩蕩蟣蝨無所復依書奏

上大悅出尚書盡數日敕黃門取頭蝨章特入因出小黃門頭有蝨者皆剃之上以援為伏波將軍援上言臣所假伏波將軍印書伏字犬外嚮成臯令印臯字為白下羊丞印四下羊尉印白下人人下羊一縣長吏印文不同恐天下不正者多符印所以為信也所宜齊同薦曉古文字者事下大司空正郡國印章奏可援好事至荔浦見冬筍名曰苞筍上言禹貢厥包橘柚疑謂是也其味美於春夏筍援擊交趾謂官屬曰吾從弟少游嘗哀吾慷慨多大志曰士生一世但取衣食足乘下澤車

黃繩祖

御欵段馬為郡吏守墳墓鄉里稱善人斯可矣求益盈餘但自苦耳吾在浪泊西里塢間（闕記書本傳今御覽無烏宿）虜未滅之時下潦上霧毒氣熏蒸仰視烏鳶跕跕墮水中臥念少游平生時語何可得也今與兄子嚴敦書曰學龍伯高不就猶為謹飭之士所謂刻鵠不成尚類鶩者效杜季良而不成陷為天下輕薄子所謂畫虎不成反類狗也援平交趾上言太守蘇定張眼視錢瞸目討賊怯於戰功宜加切敕後定果下獄援於交趾鑄銅馬奏曰臣聞行天者莫如龍行地者莫如馬臣援師事楊子阿

（闕此下有闕文）孝武帝時善相馬者東門京鑄作銅馬法獻之立馬於魯班門外更名曰金馬門臣既備數家骨法以所得駱越銅鑄以為馬高三尺五寸圍四尺五寸詔置馬德陽殿下援振旅京師賜車一乘援曰方今匈奴烏桓尚擾北邊欲自請擊之男兒要當死於邊野以馬革裹尸還葬耳何能臥牀上在兒女子手中耶故人孟冀曰諒為烈士當如此矣援行亭障到右北平詔書賜鉅鹿縑三百匹建武二十四年武威將軍劉禹擊武陵五谿蠻夷深入軍沒援因復請行時年六十二上愍其老

黃繩祖

案陰文　案陰文　案陰文　案陰文　案陰文

黃繩祖

未許之援自請曰臣尚能被甲上馬上令試之援據鞍顧眄以示可用上笑曰矍哉是翁也案矍字范書援本傳作矍鑠遂遣援二月到武陵臨鄉案此十字從范書本傳[illegible][illegible]記書援傳於建武廿九年平文前封新息侯二十四年征五谿明年[illegible]至臨鄉與此合[illegible]闕

馬廖、

馬廖案廖援長子范書有傳字敬平封順陽侯少習易經清約沈靜援擊五谿無功卒於師廖不得嗣爵從羽林監遷虎賁中郎將上表長樂宮曰夫改政移風必有其本長安語曰城中好高髻四方高一尺城中好廣眉四方且半額城中好廣袖四方用匹帛司隸校尉梁松案范書梁松歿於顯宗永平四年馬氏之敗在肅宗建初八年於時松歿已久此文有誤奏特進防光廖廖子豫兄弟父子并受爵土榮顯冠世多買京師膏腴美田作大廬近帶城郭妨困人民

馬防

馬防字公平案防援第三子范書防傳作字江平是書別本又作字孝孫永平十五年上始欲征匈奴與竇固等議出兵調度皆以為塞外草美可不須穀馬其各以案此下有闕文固等兵到燉煌當出塞上請馬穀上以固言前後相違怒不與穀皆言按軍出

未許之援自請曰臣尚能被甲上馬上令試之援據鞍
顧眄以示可用上笑曰矍鑠哉是翁也[illegible]遂遣
援二月到武陵臨鄉[illegible]
[illegible]
馬廖
馬廖[illegible]少習易經清約沈靜[illegible]
五谿無功卒於師[illegible]不得[illegible]羽林監遷虎賁中郎
將上表長樂宮曰夫改政移風必有其本長安語曰城
中好高髻四方高一尺城中好廣眉四方且半額城中

東觀漢記　卷十二　五

好廣袖四方用匹帛司隸校尉梁松[illegible]
[illegible]有八[illegible]奉特進防兄廖子豫兄弟
父子并受爵土榮顯冠世多買京師膏腴美田作大廬
近帶城郭妨困人民
馬防
馬防字公平[illegible]永平十五年
上始欲征匈奴與竇固等議出兵調度皆以為塞外草
美可不須穀馬其各以[illegible]固等兵到[illegible]當出塞
上請馬穀上以因言前後相違發不與穀習言校軍出

案陸文

黃繩祖

塞無穀馬故事。防言宣帝時五將出征，其奏言匈奴侯騎得漢馬矢，見其中有粟，即知漢兵出，以故引去。以是言之，馬當與穀。上善其用意微至，敕下調馬穀。防遂見親近。防征西羌，上嘉防功，令史官作頌，頌其功伐。章帝建初三年，防為車騎將軍、城門校尉，置掾史，位在九卿上，絕席。防兄弟二人（案此謂防及弟光。范書防傳光時封許陽侯）各六千戶。防為潁陽侯，特以前參醫藥，勤勞省闥，綏定西羌，以襄城羌亭一千二百戶增防，身帶三綬，寵貴至盛。為光祿勳，宿衛宮省（案太平御覽作將緹騎宿玄武門），上數幸防府，賞賜飲食。

防上言：「聖人作樂，所以宣氣致和，順陰陽也。臣愚以為可因歲首發太簇之律，奏雅頌之音，以迎和氣。」時以作樂器費多，遂獨行十月迎氣樂（案范書防傳十月作十二月）。防性矜嚴公正，數言政事，多見採用。子鉅為常從小侯，六年正月，齋宮中，上欲冠鉅，夜拜為黃門郎，御章臺下殿，陳鼎俎，自臨冠之。防兄弟奴婢各千人以上，防又多牧馬畜，賦斂羌胡，上不喜之，數加譴責，所以禁遏甚備，由是權勢稍損，賓客亦衰。

馬光

塞無殺馬故事防言宣帝時五將出征其奏言匈奴
時得漢馬矣見其中有粟即知漢兵出以故引去以是
言之馬當與穀上善其用意徵至敕下調馬穀防遂見
親近防征西羌上嘉防功令史官作頌頌其功伐章帝
建初三年防為車騎將軍城門校尉置掾史位在九卿
上絕席防兄弟二人[illegible]傳此光讀時防封及許弟陽光儀論書合六千戶
防為潁陽侯特以前參醫藥勤勞省闥發定西羌以襄
邑美亭一千二百戶增防身帶三綬寵貴至盛為光祿
勳宿衛宮省[illegible]上數幸防府賞賜飲食

東觀漢記　卷十二　六

防上言聖人作樂所以宣氣致和順陰陽也臣愚以為
可因歲首發太簇之律奏雅頌之音以迎和氣時以作
樂器費多遂獨行十月迎氣樂[illegible]防[illegible][illegible]
嚴公正數言政事多見採用[illegible]子鉅為常從小侯六年
正月齋宮中上欲冠鉅夜拜為黃門郎御章臺下殿陳
鼎俎自臨視之防兄弟奴婢各千人以上防又多牧馬
畜賦斂羌胡上不喜之數加譴責所以禁遏甚備由是
權勢稍損賓客亦衰

馬光

案陸文

黃繩祖

案陸文

二案字陸文

馬光字叔山案光援第三子遭母喪哀痛感傷形骸骨立監越騎校尉視事帥厲吏士教習有方時五校尉令在北軍營中光以為五校尉主禁兵武備所以宿衛兩宮不宜在一處表請二校尉附北宮詔許越騎射聲治寺北宮章帝與光詔曰朝送鹿膾寧用飯也拜太僕視事減省諸費歲千萬以上光前坐黨附竇憲歸國憲誅憲奴玉當誣光與憲逆初竇氏有事玉當亡私從光乞不與恨去懷挾欲中光官捕得玉當因告言光與憲有惡謀光以被誣不能自明乃自殺光死後憲他奴郭扈自出證

明光憲無惡言光子朗上書迎光喪葬舊塋詔許之

馬客卿

馬客卿案客卿援少子幼而岐嶷年六歲能接應諸公專對賓客嘗有死罪亡命者來過客卿逃匿不令人知外若訥而內沈敏援甚奇之以為將相器故以客卿字焉

馬嚴

馬嚴字威卿案嚴援兄余子父余卒時嚴方七歲依姊壻父九江連率平河侯王述案班書元后傳王鳳弟譚封平阿侯子仁孫術皆嗣爵此平河侯王述當是平阿侯王術之訛范書馬援傳云援兄子壻王磐平阿侯仁之子則述當為嚴姊壻之昆弟此外亦誤

明

黃繩祖

年母復終會述失郡居沛郡建武三年余外孫右扶風曹貢為梧安侯相迎嚴歸養視之至四年叔父援從車駕東征過梧安乃將嚴西嚴年十三至雒陽留寄郎朱仲孫舍大奴步護視之嚴從其故門生肆都學擊劍習騎射從司徒祭酒陳元受春秋左氏顯宗詔嚴留仁壽闥與校書郎杜撫班固定建武注記拜嚴持兵長史將北軍五校士羽林兵三千人屯西河美稷衛護南單于聽置司馬從事牧守謁敬同之將軍敕嚴過武庫祭蚩尤帝親御阿閣觀其士衆時人榮之拜中丞嚴舉劾

按章申明舊典奉法察舉無所迴避百寮憚之為五官中郎將邊境有事輒下嚴處便宜肅宗初立汲汲欲知下情引納敕嚴有所見聞輒言帝令諸上便宜封表遣子以往都使詣省門帝自勞以手書嚴為陳留太守建初中病遣功曹史李龔奉章詣闕帝親召見龔問疾病形狀以黃金十斤葛縛佩刀書帶革帶付龔賜嚴遣太醫送方藥也

馬融

馬融（案融嚴第五子范書融傳融字季長）才高博洽為通儒教養諸生常

叁 3

馬融[illegible][illegible]傳 融字季長[illegible]才高博洽為通儒教養諸生常
馬融
隨逐方藥也
形狀以黃金十斛其繡佩刀書遺革帶什與賜歲遺大
初中以遣功曹史李護奉章詣闕畫觀召見龍問疾病
子以從都使詣省門帝自勞以手書嚴為陳留太守建
王情引納放嚴有所見間諷言帝令諸工便宜封表遣
中師將遣境有事輒下嚴處便宜肅宗知之汲汲欲知
按章中明舊典奉法察舉無所迴避百寮憚之為五官

東觀漢記 卷十二 八

鑑大帝親御門闕觀其士眾時入賞之拜中郎嚴樂勤
千驃置司馬從事收守諸敬同之將軍敵嚴過武庫務
將北軍五校士羽林兵三千人屯西河美稷衛護南單
書闈遂校書郎杜撫班固定建武注記拜嚴持兵長史
旨騎射從司徒祭酒陳元受春秋左氏頗言詔嚴留仁
朱神將合大奴步騎頗之嚴從其故門生肆都學劍
隱東征過指安乃將嚴勇西嚴年十三至雒陽留[illegible][illegible]
曹貢喬格安侯相迎嚴歸養親之至四年敬父護從車
年瑛後從會述夫郡居沛郡建武三年會外孫右扶風

黃繼祖

有千數涿郡盧植北海鄭玄皆其徒也善鼓瑟（案范書融傳作善鼓琴）好吹笛達生任性不拘儒者之節居宇器服多存侈飾常坐高堂施絳紗帳前授生徒後列女樂弟子以次相傳鮮有入其室者

馬棱

馬棱字伯威（案棱援族孫）從兄毅張掖屬國都尉棱為廣陵太守奏罷鹽官賑貧羸薄賦稅郡界嘗有蝗蟲食穀棱有威德蝗蟲入江海化為魚蝦興復陂湖增歲租十餘萬斛為會稽太守詔詰會稽車牛不務堅强車皆以桃

枝細章（案范書棱傳但云轉會稽太守治亦有聲此事失載）

梁統

梁與秦同祖出於伯益別封於梁統高祖父子都自河東遷居北地子都子橋橋子溥溥子延以明軍謀特除西域司馬延生統（案范書統傳統字仲寧安定烏氏人封陵鄉侯）統疏稱元帝初元五年輕殊死刑三十四事哀帝建平元年輕殊死刑八十一事其四十二事手殺人者減死一等五帝有流殛放竄之誅三王有大辟刻肌之法是以五帝三王之刑除殘去亂鞭扑不可弛於家刑罰不可廢於國征

案陰文

案諸加順耳下双行句批

案范書統傳統以法令既輕下姦不勝宜重刑罰以遵舊典乃上此疏議者以為不可施行統復上言願得召見若對尚書近臣口陳其要

伐不可假於天下用之有本末行之有逆順耳統對尚書狀曰元壽二年三輔盜賊羣輩並起至燔燒茂陵都邑烟火見未央宮前代所未嘗有其後隴西新興北地任橫任崖西河漕況越州度郡萬里交結或從遠方四面會合遂攻取庫兵劫掠吏人國家開封侯之科以軍法追捕僅能破散也

下接一行至案該傳

案陰文

三案字俱陰文

梁竦

梁竦（案竦統子范書本傳竦字叔敬）作悼騷賦其文曰彼仲尼之佐魯兮先嚴斷而後弘衍雖離讒以嗚唈兮卒暴誅於兩觀

殷伊周之協德兮（案周字疑誤）暨太甲而俱寧豈齊量其幾微兮徒信己以榮名雖吞刀以奉命兮（案雖疑作胥）抉目背於門閭吳荒萌其已殖兮可信顏於王廬圖往鏡來兮闕北在篇（案此句疑有誤）君名其既泯沒兮後辟亦然屈平濯德兮絜顯芬香句踐罪種兮越嗣不長重耳忽推兮六卿卒强趙殞鳴犢兮秦人入疆樂毅奔趙兮燕亦是喪武安賜命兮昭以不王蒙宗不幸兮長平顛荒范父乞身兮楚項不昌何爾生不先後兮惟洪勳以遐邁服荔裳如朱紱兮騁鸞路於犇瀨歷蒼梧之崇丘兮宗虞氏

業如本既兮顯虋路兮赫瑜厝畜嗟之業立兮宗廣大

身兮甚頊不昌何而生不先後兮惟洪動以迴邅服誥

戎安頤命兮昭以不生業宗不吉兮長平頑荒兆父亡

卿卒强趙殞邑遺兮秦人入疆樂毅奔趙兮燕亦是要

德兮繁顯谷杏白竣罪種兮赦嗣不長重耳忽推兮六

闕北在嵩疑圍音此疑曰君乞其殷混汲兮後辟去滋風平灑

於門間吳荒萌其已適兮可信頹於王廬圖往鏡來兮

微兮後信已以棠名雖合乃以秦命兮作圖音錯類故曰晉

說伊周之協德兮疑衍疑誤字毀大甲而恒寧豈齊量其幾

兮先嚴斷而後弘行雖離讒以嗚唱兮卒暴誅於兩觀

彌陳圖傳誅誅疑字子故從故書作惇歸顧其文曰彌侔允之位音

梁錄

法追補僅能碗散也

面會合遂攻取庫兵劫擔東入國家開封後之科以軍

任植任產西沫潰兵滅川度郡萬里交結政務遠方四

邑咽大見未央宮前火所未嘗有且後西新興北地

書狀曰元壽二年三輔盜賊群黨並起至為攻部

攻不可復然天下用之有本末行之有逆順耳對函

案隱文

之俊乂臨衆瀆之神林兮東敕職於蓬碣祖聖道而垂典兮褒忠孝以為珍既匡救而不得兮必殞命而後仁惟賈傅其違指兮何揚生之敗真彼皇麟之高舉兮熙太清之悠悠臨岷川以愴恨兮指丹海以為期永元九年制詔三公大鴻臚曰夫孝莫大於尊尊親親其義一也追命外祖以篤親親其追封諡皇太后父竦為褒親愍侯好爵顯服以慰母心

黄繩祖

梁商

梁商字伯夏（案商竦次子雍子）少持韓詩兼讀衆書傳記天資

聰敏昭達萬情舉措動作直推雅性務在誠實不為華飾孝友著於閭閾明信結於友朋其在朝廷儼恪矜嚴威而不猛退食私館接賓待客寬和肅敬憂人之憂樂人之樂皆若在己輕財貨不為之蓄積故衣裘裁足卒歲奴婢車馬供用而已朝廷由是敬憚委任馬常曰多藏厚亡為子孫累每租奉到及兩宮賞賜便置中門外未嘗入藏悉分與昆弟中外饑年穀貴有餓餒輒遣蒼頭以車載米菜錢於四城外給與貧民商上書狠復超超宿德（案此二句文義未明當有訛脱）商病篤敕子冀等曰吾以不德

紫陰文

紫陰文

黄繩祖

享受多福生無以輔益朝廷死必耗費帑藏衣衾飯唅
玉匣珠貝之屬何益朽骨百僚勞擾紛華道路祇增塵
垢雖云禮制亦有權時方今邊郡不寧盜賊未息豈宜
重為國損氣絕之後載至冢舍即時殯斂斂以時服皆
以故衣無更裁制殯已開冢冢開即葬祭食如前無用
三牲孝子善述父志不宜違我言也商薨賜東園轜車
朱壽器銀鏤黃玉匣案帝作誄曰孰云忠侯案范書商傳商襲文
封乘氏侯不聞其音背去國家都茲玄陰幽居冥冥靡爾且
窮商朝廷敬憚其委任自前世外戚禮遇所未曾有

門無駐馬請謁之賓謙虛抑損九命彌恭漢興以來妃
后之家亦無商比

梁冀

梁冀案冀商長子范書冀傳冀字伯車嗣父侯為大將軍拜步兵校尉上書列校
之職上應天工下厭羣望實非愚臣所宜冀僭侈作平
上輧車永昌太守鑄黃金之蛇獻之冀益州刺史种暠
發其事大將軍夫人躬先率禮淑慎其身超號為開封
君即大將軍梁冀妻也案大將軍夫人以下十九字當是詔策之詞即大將軍梁冀妻
也句恐為後人加注而節錄者誤作正文又范書冀傳冀妻孫壽封襄城君梁商傳夫人陰氏薨追號開封君

享受多福，生無以輔益朝廷，死必耗費帑藏，衣衾飯含玉匣珠貝之屬，何益朽骨。百僚勞擾，紛華道路，祇增塵垢，雖云禮制，亦有權時。方今邊郡不寧，盜賊未息，豈宜重為國損。氣絕之後，載至冢舍，即時殯斂，斂以時服，皆以故衣，無更裁制。殯已開冢，冢開即葬，祭食如前，無用三牲。孝子善述父志，不宜違我言也。商薨，賜東園轄車、朱壽器、銀鏤、黃玉匣，[illegible]帝作謚曰[illegible][illegible]忠侯。（[illegible]）父封侯襄不聞其音，皆去國家，都[illegible][illegible][illegible][illegible]居，宜[illegible]廉[illegible]且[illegible]商朝廷游禪，其委任自前世外戚禮遇所未嘗有，[illegible]門無駐馬請謁之賓，謙虛抑損，凡命滿恭，漢興以來，妃后之家亦無商比。

梁冀

梁冀（案：冀，商長子，范書有傳）字伯卓，嗣父侯，為大將軍，拜步兵校尉，上書列校之職，上應天工，下[illegible][illegible][illegible]，實非愚臣所宜，[illegible]僭[illegible][illegible]平上轄車。永昌太守鑄黃金之蛇獻之冀，益州刺史种暠發其事。大將軍夫人躬先率禮，謙慎其身，追號為開封君印，大將軍梁冀妻也。（案：大將軍夫人以下十九字，當是[illegible]語[illegible]之詞。印大將軍梁冀妻也，白[illegible]為後人加注，而節錄者誤作正文。又[illegible]書[illegible]冀妻孫壽封襄城君，梁商傳夫人陰氏[illegible][illegible]追號開封君）

案陰文

案陰文

此以號開封君者為寔妻，疑亦有誤。

梁不疑

梁不疑（案：不疑，商次子。范書梁冀傳：不疑封潁陽侯。）拜步兵校尉，上書曰：列校之職，上應天工，下厭羣望，實非過少所任。（案：此段與前梁冀傳略同。攷不疑拜步兵校尉，范書不載，恐緣冀傳誤複。）

孫咸

讖曰：孫咸征狄。今以平狄將軍孫咸行大（司馬）將軍事。咸以武名官，以應圖讖。（案：此當是詔文，范書不載。）

東觀漢記卷十二

黃繩祖

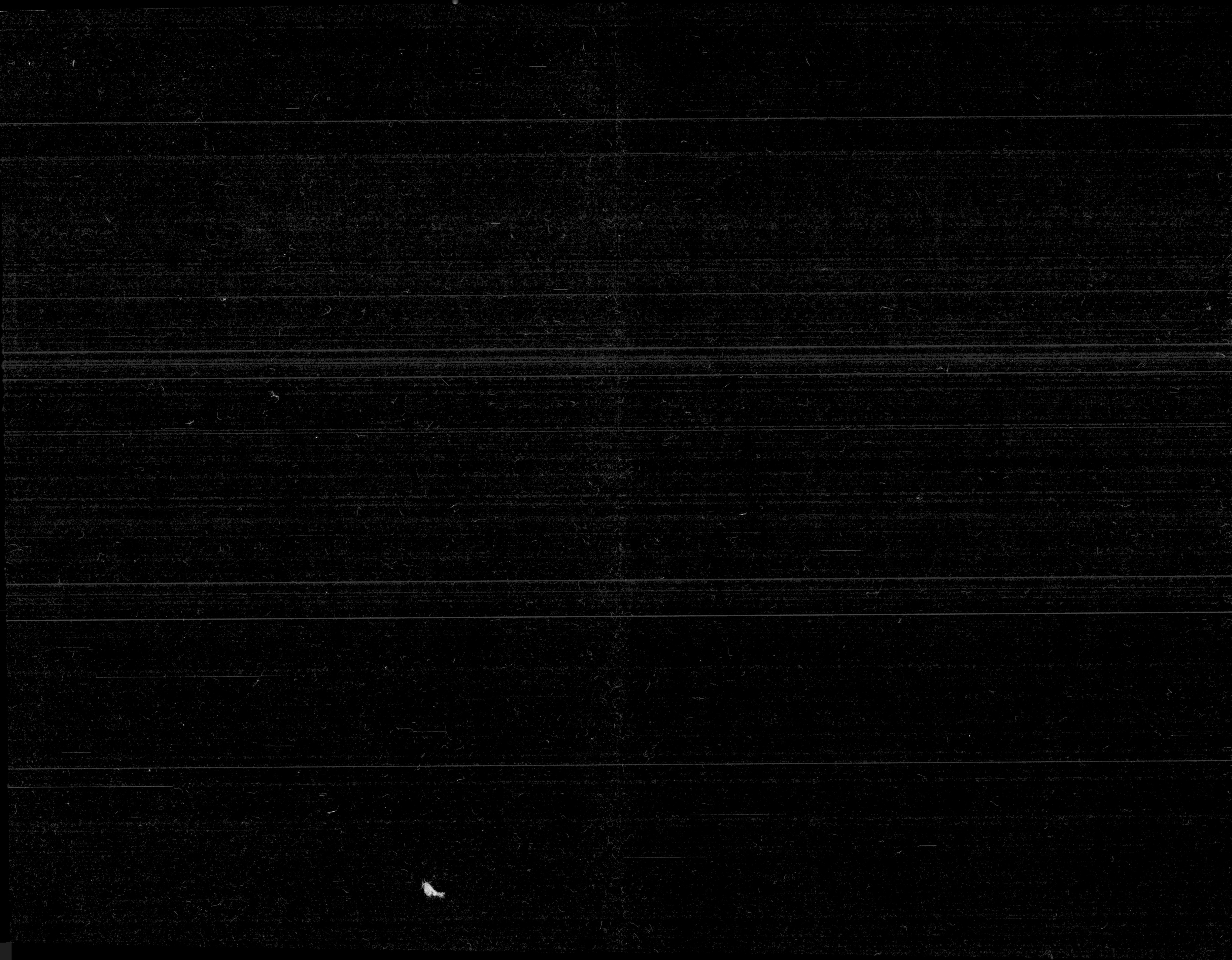